CW00552111

Innovation, Raum und Kultur

herausgegeben von

PD Dr. Dieter Rehfeld, IAT Gelsenkirchen
Dr. Stefan Gärtner, IAT Gelsenkirchen
Judith Terstriep, IAT Gelsenkirchen
Anna Butzin, IAT Gelsenkirchen

Band 3

Dieter Rehfeld | Jürgen Nordhause-Janz

Neue Impulse in der regionalen Industriepolitik

Jüngste Erfahrungen und Perspektiven
aus arbeitspolitischer Sicht

 Nomos

© Titelbild: fotolia.com

Die Deutsche Nationalbibliothek verzeichnet diese Publikation in der Deutschen Nationalbibliografie; detaillierte bibliografische Daten sind im Internet über http://dnb.d-nb.de abrufbar.

ISBN 978-3-8487-4039-0 (Print)
ISBN 978-3-8452-8339-5 (ePDF)

1. Auflage 2017
© Nomos Verlagsgesellschaft, Baden-Baden 2017. Gedruckt in Deutschland. Alle Rechte, auch die des Nachdrucks von Auszügen, der fotomechanischen Wiedergabe und der Übersetzung, vorbehalten. Gedruckt auf alterungsbeständigem Papier.

Inhaltsverzeichnis

1   Einstieg: Die Region als industriepolitisches Handlungsfeld:
     Neue Impulse nach der Finanz- und Wirtschaftskrise   7

2   Zur neueren Diskussion um Industriepolitik – Problemaufriss
     und Konsequenzen für die Frage nach neuen industrie-
     politischen Initiativen in den Regionen   11

     2.1   Impressionen aus der aktuellen Diskussion um
            Industriepolitik   11

     2.2   Industriepolitische Konzepte - eine Übersicht   15

     2.3   Die Finanz- und Wirtschaftskrise als Wendepunkt?   22

3   Wurzeln regionaler Industriepolitik – ein kurzer Rückblick 26

4   Zur Praxis regionaler Industriepolitik nach der Finanz-
     und Wirtschaftskrise – Ergebnisse der schriftlichen
     Befragung   33

5   Worum geht es in der Region? – Handlungsfelder zwischen
     Alltagsgeschäft und Zukunftsgestaltung   50

     5.1   Das tägliche Brot: Standortsicherung,
            Beschäftigung und Fachkräftesicherung   54

     5.2   Standortentwicklung als umfassende industrie-
            politische Strategie   63

     5.3   Vorreiter einer regionalen Innovationspolitik?   70

     5.4   Die Zukunft gestalten: Energiewende und Elektromo-
            bilität, Industrie 4.0   78

     5.5   Zwischenbilanz: Handlungsfelder und Erfolgs-
            kriterien   84

6   Regionale Industriepolitik – eine systematische
     Annäherung   89

     6.1   Der strukturelle Kontext – Industrielle Strukturen
            und Konfliktfähigkeit als Basis struktureller Macht   93

     6.2   Der organisatorische Kontext – Zusammenarbeit
            innerhalb und zwischen den Gewerkschaften   95

     6.3   Der regionale Kontext – Governancestrukturen und
            soziales Kapital   104

     6.4   Der politische Kontext – Renaissance der
            Industriepolitik?   112

7   Perspektiven einer regionalen arbeitsorientierten Industrie-
     politik   117

8   Zusammenfassende Thesen   131

Literatur   133

Anhang 1: Liste der Gesprächspartner (angegeben ist die
     organisatorische Zugehörigkeit zur Zeit der Befragung)   140

Anhang 2: Fragebogen der Bestandserhebung – postalische
     Befragung (Fassung IG Metall)   142

Die Autoren   151

1 Einstieg: Die Region als industriepolitisches Handlungsfeld: Neue Impulse nach der Finanz- und Wirtschaftskrise

Das Fenster für eine neue Diskussion um Industriepolitik ist seit der Finanz- und Wirtschaftskrise 2008/9 geöffnet, dies ist die Ausgangsthese des hier dargestellten und von der Hans-Böckler-Stiftung geförderten Projekts über „Neue Impulse in der regionalen Industriepolitik – Jüngste Erfahrungen und Perspektiven aus arbeitspolitischer Sicht". Die Aktualität dieses Themas zeigt sich daran, dass es mittlerweile eine wissenschaftliche und politische Diskussion um industriepolitische Konzepte gibt, eine strategische und instrumentell unterfütterte Umsetzung aber nur zögerlich erfolgt.

Im Mittelpunkt des Projekts stand die Frage, ob sich in den Regionen ebenfalls eine neue industriepolitische Dynamik feststellen ließ und ob hiervon neue Impulse für die strategische und instrumentelle Fundierung einer neuen Industriepolitik ausgehen. Gefragt wurde, „inwieweit durch Impulse aus den Regionen in den Jahren nach der Finanz- bzw. Wirtschaftskrise industriepolitische Ansätze (Konzepte, Strategien, Projekte) entwickelt wurden, welche Faktoren derartige Initiativen fördern oder behindern und wie die internen und externen Rahmenbedingungen aussehen, die Voraussetzungen für erfolgreiche industriepolitische Aktivitäten in den Regionen bilden. Dabei geht es sowohl darum, die Region als Lern- und Experimentierfeld zu analysieren, das neue Themen platziert, wie auch darum, auf der politischen Agenda stehende industriepolitische Themen in ihrer strategischen Ausrichtung zu erfassen, zu systematisieren und ihre konzeptionellen Grundlagen herauszuarbeiten."

Das Ziel war daher, Industriepolitik nicht allein oder in erster Linie aus einer theoretischen Perspektive zu analysieren, sondern von den konkreten Initiativen her. Wir folgen dabei der Argumentation von Stiglitz/Greenwald (2014), die davon ausgehen, dass Industriepolitik nicht am Reißbrett oder von Modellen her konzipiert werden kann. „Aber so, wie man nur lernen kann, besseren Stahl zu erzeugen, indem man Stahl erzeugt, kann man die Durchführung einer erfolgreichen Industriepolitik nur erlernen, indem man Industriepolitik betreibt. Learning by Doing ist unerlässlich." (90). Die regionale Ebene spielt beim Lernen eine besondere Rolle, und daher argumentieren die Autoren weiter: „...Ein wesentlicher Aspekt von „Lernen" ist, dass es lokal stattfindet und den lokalen kulturellen Besonderheiten und den je eigenen wirtschaftlichen Praktiken angepasst werden muss..." (314).

Auch wenn sich die zweite hier zitierte Überlegung von Stiglitz/Greenwald (2014) auf das Lernen von Unternehmen bezieht, so können wir es auch auf Lernen in der Politik anwenden.

Im Mittelpunkt des Projekts stehen als Akteure die Gewerkschaften bzw. deren lokale und regionale Organisationseinheiten. Dieser Fokus ergibt sich daraus, dass die industrielle Entwicklung und die damit zusammenhängenden Entwicklungen von Arbeit und Lebensqualität für die organisatorische Basis, für die Handlungsfähigkeit und für die strategischen Ziele der Gewerkschaften von grundlegender Bedeutung sind. Initiativen zur Sicherung und weiteren Entwicklung industrieller Produktion und Arbeit haben daher unmittelbaren Bezug zu den Grundanliegen der Beschäftigten.

Nun findet regionale Industriepolitik nicht im luftleeren Raum statt. Für unsere Analyse hat dies neben der Berücksichtigung der vorhergehenden Erfahrungen vor allem drei Konsequenzen:

Erstens handelt es sich bei regionaler Industriepolitik nicht um ein eigenständiges, organisatorisch und strategisch klar abzugrenzendes gewerkschaftliches Handlungsfeld. Regionale Industriepolitik der Gewerkschaften weist fließende Übergänge zur Betriebspolitik auf der einen Seite, zu einer regionalen Struktur- oder Innovationspolitik auf der anderen Seite auf. Dies schlägt sich auch in dem Spektrum industriepolitischer Initiativen nieder, das im Projekt durch die Selbstwahrnehmung der Akteure, nicht durch eine vorgegebene Definition konkretisiert wird.

Zweitens ist zu berücksichtigen, dass die industriepolitischen Initiativen der Gewerkschaften immer im Zusammenspiel mit anderen Akteuren zu sehen sind, ein Zusammenspiel, dies kann vorweggenommen werden, das immer von einer Balance zwischen Konflikt und Kooperation geprägt ist.

Drittens ist regionales Handeln in einen mehrdimensionalen strategischen und politischen Kontext eingebunden. Dies gilt sowohl für den organisationspolitischen Kontext der Gewerkschaften wie auch für den politischen Kontext.

Von daher beginnen wir die Darstellung mit einem Blick auf die neuere Diskussion über Industriepolitik in Wissenschaft und Politik. In diesem Zusammenhang werden auch die Ergebnisse der Gespräche mit den für Industriepolitik zuständigen gewerkschaftlichen Akteuren auf der Ebene der Bundesländer dargestellt, die den Ausgangspunkt des Projekts bildeten.

Diese Gespräche hatten die Funktion, sowohl einen ersten Überblick über regionale Initiativen zu erhalten wie auch den innerorganisatorischen Rahmen für die regionalen Initiativen in die Analyse einzubeziehen. Deutlich wurde in diesen Gesprächen aber auch, dass die Leitfrage nach neuen industriepolitischen Aktivitäten insofern zu modifizieren war, dass in den gewerkschaftlichen Aktivitäten nicht von einem klaren Bruch seit der Wirtschafts- und Finanzkrise ausgegangen werden kann, sondern die Vorgeschichte einzubeziehen ist.

Von daher wird im folgenden dritten Kapitel zunächst ein Rückblick über die gewerkschaftlichen strukturpolitischen Initiativen seit den 1980er Jahren gegeben. Nur vor diesem Hintergrund lässt sich die Frage nach dem „Neuen" der jüngsten industriepolitischen Initiativen beantworten. Bei diesem Rückblick ist zu berücksichtigen, dass Industriepolitik zwar nicht immer als solche deklariert wurde, aber schon immer stattgefunden hat. Von daher fokussiert dieser Rückblick über die expliziten industriepolitischen Initiativen hinaus vor allem auch auf industriepolitisch relevante Handlungsfelder wie die Schnittstelle zwischen Betriebspolitik, regionaler und sektoraler Strukturpolitik, Innovationspolitik und Nachhaltigkeitspolitik.

Die folgenden beiden Kapitel stellen den empirischen Kern des Projektes dar. Im vierten Kapitel werden die Ergebnisse der schriftlichen Befragung bei den regionalen Organisationseinheiten der in die Untersuchung einbezogenen Gewerkschaften gegeben, dort wird auch das methodische Vorgehen dargestellt. Die schriftliche Befragung hatte neben einem ersten Überblick zusammen mit den Gesprächen auf der Landesebene das Ziel interessante Fälle für die vertiefenden Fallstudien auszuwählen.

Die Ergebnisse dieser Fallstudien werden im fünften Kapitel dargestellt. Die Darstellung ist an der thematischen Ausrichtung der Initiativen ausgerichtet und wird mit vertiefenden Beispielen aus den Fallstudien illustriert.

Das sechste Kapitel fasst die Ergebnisse systematisch zusammen. Es wird diskutiert, welche Faktoren bzw. Rahmenbedingungen industriepolitische Strategien der Gewerkschaften beeinflussen. Im Mittelpunkt stehen dabei die Organisations- und Konfliktfähigkeit (regionale Mitgliederbasis), das soziale Kapital (persönliche Netzwerke/regionale Governance), die organisatorische Verankerung der regionalen Ebene im Aufbau der Gewerkschaften und der wirtschaftspolitische Rahmen.

Das siebte Kapitel bindet die Ergebnisse an die eingangs dargestellten Industriepolitischen Konzepte zurück. Vor diesem Hintergrund werden die Ergebnisse in Form einer Stärken-Schwächen Analyse zusammengefasst und es werden Handlungsmöglichkeiten und Herausforderungen an die Gewerkschaften zur Diskussion gestellt. Die Ergebnisse werden in einem achten Kapitel in Form von Thesen zusammengefasst.

Die Argumentation wird weiterhin durch Kästen angereichert. Diese Kästen dienen dazu, einzelne Aspekte zu vertiefen oder zu illustrieren, ohne dass damit der Argumentationsfluss unterbrochen wird.

Anzumerken ist nicht zuletzt, dass politische Entwicklungen und Organisationen immer im Fluss sind. Um die Ergebnisse nicht verzerrt darzustellen beziehen sich die Benennungen der organisatorischen Einheiten und der Funktion der im Anhang aufgeführten Gesprächspartner auf den Zeitraum der Durchführung des Projektes. Auch die in den Fallstudien untersuchten industriepolitischen Aktivitäten haben sich in verschiedenen Fällen weiterentwickelt. Dem wurde insofern Rechnung getragen, als in besonders interessanten Fällen auch nach dem Ende der Projektlaufzeit stattgefundene Entwicklungen dargestellt werden. Die Hinweise auf derartige Entwicklungen verdanken wir den Rückmeldungen einzelner Gesprächspartner bzw. -partnerinnen und Beiratsmitglieder, wie auch den Rückmeldungen von Kollegen und Kolleginnen in den unterschiedlichen Zusammenhängen, in denen wir die Ergebnisse vorgestellt und diskutiert haben, und denen an dieser Stelle ebenso wie allen Gesprächspartnern noch einmal herzlich gedankt werden soll.

2 Zur neueren Diskussion um Industriepolitik – Problemaufriss und Konsequenzen für die Frage nach neuen industriepolitischen Initiativen in den Regionen

2.1 Impressionen aus der aktuellen Diskussion um Industriepolitik

Wer um die Jahrtausendwende über eine neue Industriepolitik nachdachte, geriet leicht in Verdacht, sich nach der guten alten Zeit zu sehnen, noch nicht aus dem „kurzen Traum von der immerwährenden Prosperität" (Lutz 1984) aufgewacht zu sein. In vielen Köpfen stand Industriepolitik für eine staatliche Politik, die sich gegen den unausweichlichen Strukturwandel sperrt, indem sie auslaufende Branchen wie den Bergbau oder die Stahlindustrie schützt oder nationale Champions subventioniert, um auf dem Weltmarkt bestehen zu können.

Weil es mit der wirtschaftlichen Entwicklung aber offenbar doch nicht so gradlinig und gesellschaftlich friktionslos lief, waren offenbar neue Träume gefragt. Der Traum von einer post-industriellen, auf Wissen und Dienstleistungen beruhenden, die natürlichen Ressourcen schonenden, dabei zunehmend staatsfreien (oder deregulierten) Wirtschaft sah die Industrie als „Knecht", der nicht unbedingt im eigenen Hause notwendig war (SZ vom 12.11.2012: 9).

2007 war das Erwachen aus diesem Traum besonders hart. Die Mitte 2007 beginnende und im Verlauf der Jahre 2008/9 in eine Weltwirtschaftskrise mündende Finanzkrise wirkte als Wecker. Und wenn als Folge dieser Krise die Industrie wieder einen zentralen Stellenwert auf der politischen Agenda einnimmt, dann kann es nicht um ein Zurück in den alten Traum gehen, sondern es ist an der Zeit, sich den veränderten Realitäten zu stellen, Industriepolitik neu zu denken und umzusetzen.

Es geht in diesem Bericht nicht um eine Analyse der Finanz- und Wirtschaftskrise und ihrer Folgen, sondern um die in den Regionen entstandenen neuen Impulse für eine neue Industriepolitik. Bei dem Blick in die Regionen ist es aber wichtig, sich die Dimensionen vor Augen zu halten. Der immer lockere, wenn überhaupt je gegebene Zusammenhang zwischen Innovationspolitik und sozialer Lage steht paradigmatisch für die Situation. Wenn heute in der Eurozone knapp jeder vierte Jugendliche ohne Arbeit ist, in Spanien und Griechenland mehr als die Hälfte (http://de.statista.com/statistik/daten/studie/74795/umfrage/

Zahl

2. Kapitel: Zur neueren Diskussion um Industriepolitik

jugendarbeitslosigkeit-in-europa/), dann haben wir es mit einem kumulativen Systemversagen zu tun. Dieses Systemversagen führt die Versprechungen einer auf Deregulierung basierenden Marktdynamik wie auch einer auf wirtschaftliche Innovationen setzenden Politik ad absurdum und droht die tiefgreifenden sozialen Verwerfungen weit in die Zukunft hinein fortzuschreiben.

Am Beispiel Spanien wird die Diskrepanz zwischen sozialer Lage und Innovationspolitik besonders deutlich: Mehr als 50 Prozent Jugendarbeitslosigkeit finden sich in einem Land, in dem mehr als 60 Clusterinitiativen mit dem Label „Cluster Management Excellence" ausgezeichnet wurden, das sind rund zehn Prozent aller ausgezeichneten Cluster (http://www.cluster-analysis.org/).

Dieser Eindruck sollte nun weder zu der Schlussfolgerung führen, dass Innovationspolitik irrelevant geworden ist, noch, dass eine neue Industriepolitik der archimedische Hebel ist, um die Lücke zwischen Strukturpolitik und sozialer Lage zu schließen. Eine umfassendere wirtschafts- und gesellschaftspolitische Neuausrichtung ist notwendig (vgl. Romahn/Rehfeld 2015) und eine neue Industriepolitik ist in diesem breiteren Kontext zu sehen.

Zunächst verursachte die Finanzkrise vor allem auch eine Vertrauenskrise, in deren Folge der konsequent neoliberale, von IWF und Weltbank als Maxime gesetzte Washington Consensus zur Disposition gestellt wurde (zum Hintergrund und zur Kritik am Washington Consensus vgl. Stiglitz/Lin/Monga 2013). Kurz gesagt: Während in den 1980er und 1990er Jahren in breiten Teilen von Wissenschaft und Politik die Überzeugung vorherrschte, dass Politikversagen das größere Übel verglichen mit Marktversagen wäre, Politik daher auf ein Minimum reduziert werden sollte, machte die Krise die ökonomischen und sozialen Folgen von Marktversagen und die Notwendigkeit staatlicher Intervention unübersehbar.

In der klassischen ökonomischen Diskussion mehrten sich in den vergangenen Jahren die Stimmen, die eine Abkehr von der Grundsatzdiskussion „Industriepolitik: Ja oder Nein" hin zu der Frage nach der „richtigen" Industriepolitik fordern (vgl. z.B. Rodrik 2008, 2012, Stiglitz/Lin/Monga 2013, Aghion/Boulanger/Cohen 2011). Neben einer generellen Neubewertung der Rolle des Staates sind es vor allem drei Aspekte, die die industriepolitische Diskussion auf eine neue Basis stellen:

Kasten 1: Beispiele der internationalen Diskussion um neue industriepolitische Strategien

Stiglitz/Lin/Monga (2013) verstehen unter Industriepolitik eine staatliche Politik, die darauf abzielt, die sektorale Struktur einer Volkswirtschaft zu beeinflussen. In diesem angelsächsischen Verständnis bezieht sich Industrie nicht nur auf das Produzierende Gewerbe, sondern etwa auch auf Dienstleistungsbranchen. Sie unterscheiden zwischen horizontaler (auf alle Branchen abzielend) und vertikaler (auf spezifische Branchen abzielend) Industriepolitik.

Die Autoren begründen die Notwendigkeit einer Industriepolitik mit wachstumstheoretischen Argumenten. Demnach scheitern Märkte damit, Lernprozesse zu maximieren. Da der Wissensfluss aufgrund der Konkurrenz begrenzt bleibt, neigen wissensintensive Branchen zu unvollständigem Wettbewerb und bleiben daher hinter ihrer Leistungsfähigkeit zurück. Dies kommt daher, weil Wissen in der Regel ein kollektives Produkt ist, das über den Markt nicht effizient vermittelt wird. In der Konsequenz führt ein nicht optimaler Wissensfluss zu ungenügenden Investitionen in Lernen, Wissensteilung und Forschung. In den seit den 1990er Jahren entstandenen Clusterinitiativen sehen die Autoren einen wichtigen Ansatz, dieses Defizit auszugleichen.

Aghion/Boulanger/Cohen (2011) sehen vor allem drei Faktoren, die das Nachdenken über eine künftige Industriepolitik notwendig machen: den Klimawandel, die anhaltenden Folgen der Finanzkrise und die industriepolitischen Erfolge Chinas. Eine künftige Industriepolitik sollte so gestaltet sein, dass sie Innovationen vor allem in solchen Feldern vorantreibt, die unabhängig von der Branchenzugehörigkeit auf grüne Technologien setzen, die eine hohe fachliche Kompetenz voraussetzen. Zu den Prinzipien einer solchen Industriepolitik zählen die Autoren eine strategisch ausgerichtete Innovationspolitik, einen Ausgleich für unzureichende Finanzierungsmöglichkeiten, eine dezentrale Verankerung, eine Konzentration auf wettbewerbsintensive Sektoren und eine breite Streuung der Interventionen.

Naude (2010) weist darauf hin, dass sich die Einstellung gegenüber Industriepolitik immer wieder gewandelt hat. Industriepolitik war bis in die 1960er Jahre unbestrittener Bestandteil staatlicher Wirtschaftspolitik, sie wurde zwischen den 1970er und den 1990er Jahren durch den Washingtoner Konsens verdrängt, um in den letzten Jahren wieder auf die politische Agenda zu kommen. Die heutige Herausforderung wird darin gesehen, das entstandene Ungleichgewicht zwischen dem Finanzsektor und dem produzierenden Sektor zugunsten des letzteren wieder neu zu justieren. Theoretisch begründet er die Notwendigkeit einer Industriepolitik mit Marktversagen, strategisch sieht er als Herausforderung an eine zukünftige Industriepolitik die weiter zunehmende Globalisierung, die Folgen der globalen Nahrungs-, Energie- und Finanzkrise, den Klimawandel, den Aufstieg von China und Indien als Konkurrenten auf dem Weltmarkt sowie eine neue vom Unternehmergeist getriebene Wirtschaft.

Erstens geht es generell um die Frage der Zukunftsfähigkeit der Industrie im engeren Sinne und nicht mehr um die nachholende Entwicklung wenig industrialisierter Länder. Während sich Industriepolitik in der internationalen Diskussion bis vor einigen Jahren dahin auf die Beeinflussung der sektoralen Struktur einer Volkswirtschaft bezogen hat (also sowohl auf Branchen des Produzierenden Gewerbes wie auch Dienstleistungsbranchen und Landwirtschaft), gerät nun die Schlüsselfunktion des Produzierenden Gewerbes mit seinen Spill-over-Effekten für die gesamte Wirtschaft wieder in den Fokus der Diskussion. Diese Diskussion wird vor allem in den angelsächsischen Ländern (USA, UK) geführt, die in den vergangenen Jahren am stärksten auf Dienstleistungssektoren gesetzt haben. Sie lässt sich aber implizit auch aus der wissenschaftlichen Diskussion ableiten, da dort weitgehend Einigkeit darüber besteht, dass Industriepolitik sich auf die Sektoren konzentrieren sollte, die den größten gesamtwirtschaftlichen Effekt haben.

Hierbei sind wiederum vor allem zwei strukturelle Argumente in der Diskussion zu finden (ausführlich vgl. Dankbaar/Rehfeld 2015: 496f). Ein Argument bezieht sich auf die Rolle der Industrie für die Innovations- und Wettbewerbsfähigkeit der Wirtschaft insgesamt. Empirische Untersuchungen haben gezeigt, dass Produkt- und Prozessinnovationen überdurchschnittlich häufig in industriellen Branchen umgesetzt werden und, dass damit auch ein überdurchschnittlicher Beschäftigungseffekt verbunden ist. Es lässt sich daher begründen, dass industrielle Innovationen auch bei umfassenden gesellschaftspolitischen Projekten wie der Energiewende eine Schlüsselrolle einnehmen. Ein weiteres Argument bezieht sich auf die verteilungspolitische Bedeutung. Die durchschnittlichen Einkommen der in der Industrie Beschäftigten liegen über dem Durchschnitt der nicht industriellen Branchen, entsprechend auch die Beiträge zu den Sozialversicherungssystemen. Weiterhin konnte für Deutschland gezeigt werden, dass in Regionen mit einer prosperierenden Industrie die Einkommensschere geringer ausfällt als in anderen Regionen.

Zweitens findet sich in der volkswirtschaftlichen Mainstreamdiskussion zwar noch immer Marktversagen als zentraler Bezugspunkt, aber es geht nicht mehr allein um dessen Kompensation, sondern auch um dessen Antizipation. Insbesondere bei der Bewältigung der globalen ökologischen bzw. energetischen Herausforderungen hat sich mittlerweile die Überzeugung weitgehend durchgesetzt, dass hierfür der Markt nicht die richtigen Signale bzw. Anreize gibt (und auch nicht geben kann), sondern dass eine eigenständige, gesellschaftspolitisch fundierte Rolle des Staates gefragt ist (vgl. hierzu vor allem Mazzucato 2014).

Drittens deutet sich an, dass die Rolle nationaler industriepolitscher Maßnahmen im Spannungsverhältnis zwischen Regionalisierung und Globalisierung neu thematisiert wird, ohne dass dieser Aspekt bisher wirklich systematisch durchdrungen wurde. Auf der einen Seite wird auf die geringeren nationalen Handlungsspielräume durch die Herausbildung globaler Produktions- und Distributionsnetze hingewiesen, auf der anderen Seite wird immer wieder für eine dezentral verankerte Industriepolitik plädiert, wobei auch auf die (keineswegs immer positiven) Erfahrungen mit der Clusterpolitik der vergangenen Jahre rekurriert wird.

Der Themenwandel in der industriepolitischen Diskussion schlägt sich mittlerweile auch in verschiedenen konzeptionellen bzw. strategischen Äußerungen der EU und des Bundes nieder. Zu nennen sind insbesondere das Industriepolitische Programm der EU (Europäische Kommission 2010) und das Industriepolitische Programm des Bundeswirtschaftsministeriums (BMWi 2010).

Es scheint also in der Tat so zu sein, dass das Fenster für industriepolitische Aktivitäten wieder offen ist (Degen 2011). Allerdings handelt es sich keineswegs um einen Selbstläufer. So bleiben die Vorstellungen seitens der EU bisher auf der konzeptionellen Ebene, können nicht als integrierter Ansatz einer nachhaltigen Industriepolitik bezeichnet werden und finden keinen Niederschlag auf der instrumentellen bzw. operativen Ebene (DGB 2011, FES 2010, Ziegler 2011).

2.2 Industriepolitische Konzepte – eine Übersicht

Typologien von Industriepolitik setzen oft an der Systematisierung von Instrumenten an. So wird zwischen direkten und indirekten oder horizontalen (Sektor unspezifisch) und vertikalen (Sektor spezifisch) Maßnahmen unterschieden (vgl. z.B. Pelkmans 2006 oder Owens 2012). Im Mittelpunkt steht dabei die Frage des „Wie", nicht die des „Warum" oder auch nicht die Frage nach dem wirtschafts- und gesellschaftspolitischen Bezug.

Im Kasten 2 sind die gängigen Instrumente dargestellt. Eine rein instrumentelle Systematisierung greift aber ohne eine inhaltliche oder strategische Fundierung von Industriepolitik ins Leere. Von daher haben wir an anderer Stelle eine von den Zielen ausgehende Herangehensweise vorgeschlagen (Rehfeld/Dankbaar 2015). Die sich daraus ergebende Typologie ist insofern historisch, als sie den jeweiligen Entwicklungsstand einer Volkswirtschaft und den wirtschafts- bzw. gesellschaftspolitischen Hintergrund in den Mittelpunkt stellt. Weiterhin werden Lern- und Veränderungsprozesse berücksichtigt.

Da aber sowohl zwischen den Volkswirtschaften wie auch innerhalb der Volkswirtschaften (also zwischen den industriellen Sektoren) unterschiedliche Ausgangsbedingungen und Anpassungserfordernisse bestehen, heißt das nicht, dass im Zeitverlauf frühere industriepolitische Strategien obsolet werden. Von daher nennen wir unseren Ansatz quasi-historisch. Hiervon ausgehend haben wir vier Modelle von Industriepolitik unterschieden.

Die Politik der nachholenden Entwicklung ist charakteristisch für solche Volkswirtschaften, die als „Nachzügler" auf dem Weltmarkt eintreten und ihre neuen und jungen Branchen schützen. Die Begründung hierfür geht auf die bereits 1841 von Friedrich List formulierte Annahme zurück, dass freier Wettbewerb zwischen Volkswirtschaften nur dann für alle Beteiligten Vorteile bringen kann, wenn gleiche Ausgangsbedingungen herrschen. Deutschland und die USA haben eine derartige Strategie im 19. Jahrhundert verfolgt, Japan oder Südkorea in der Mitte des 20. Jahrhunderts, später auch die lateinamerikanischen Staaten sowie China und Indien (vgl. Wade 2003, Winkel 2012). Im Rahmen des Systemwandels in Mittel- und Osteuropa wurden ebenfalls Elemente dieses industriepolitischen Modells implementiert (vgl. Riese 1995, Bönker 1995).

Der Grundgedanke besteht darin, einen Rahmen zu schaffen, der es den lokalen Unternehmen erlaubt zu expandieren und das Minimum effektiver Größe und Produktivität zu erreichen, das notwendig ist um auf dem globalen Markt wettbewerbsfähig zu sein. Die gängigsten Instrumente sind local content Vorschriften und Handelsbeschränkungen. So haben jüngst Stiglitz/Greenwald (2014: 50ff) in ihrer Auseinandersetzung mit Freihandelsabkommen darauf hingewiesen, dass gut durchdachte Handelsbeschränkungen, Subventionen und Wechselkursinterventionen dazu beitragen können, das Lernen von Unternehmen und damit deren Wettbewerbsfähigkeit zu fördern.

Kasten 2:Europäische und nationale industriepolitische Instrumen

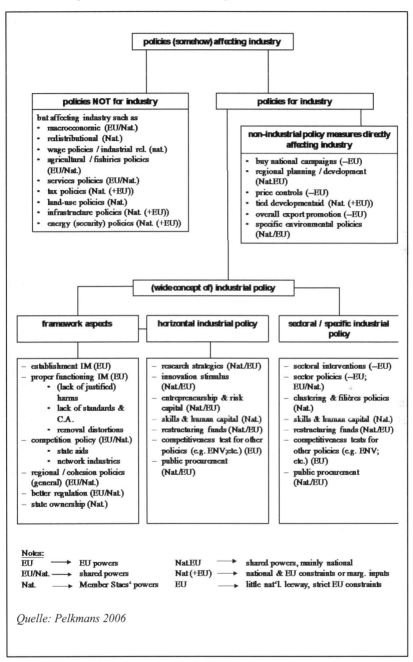

Quelle: Pelkmans 2006

Die nachholende Industriepolitik hat immer wieder auf regionale Kerne als Wachstumspole gesetzt. In den Ländern, die auf eine nachholende Industrialisierung setzten, waren es in der Regel freie Wirtschaftszonen, die als Kerne eines zunächst Import substituierenden, später stärker auf Export ausgerichteten wirtschaftlichen Wachstums setzten. Im Rahmen der Transformation der mittel- und osteuropäischen Länder ging es vor allem darum, zunächst die politischen und industriellen Zentren in ihrer Wettbewerbsfähigkeit auf dem Weltmarkt zu stärken. In gewisser Hinsicht kann auch das Konzept der dezentralisierten Konzentration im Rahmen der deutschen Gemeinschaftsaufgabe zur Verbesserung der regionalen Wirtschaftsstruktur mit ihrer Fokussierung auf Wachstumskerne in strukturschwachen Regionen (Investitionsförderung und Förderung der wirtschaftsnahen Infrastruktur) in diesen konzeptionellen Rahmen verortet werden.

Die Wurzeln der Restrukturierungspolitik liegen in den 1960er und 1970er Jahren. Anders als bei der nachholenden Entwicklung spielen hier gesellschaftspolitische Ziele eine zentrale Rolle. Mit dem Ende des Nachkriegsbooms und der wachsenden Globalisierung gerieten arbeits- und auch rohstoffintensive Branchen unter Anpassungsdruck, was in einer großen Zahl von Regionen – besonders intensiv spürbar in den Montanregionen, aber etwa auch in von der Textilindustrie geprägten Regionen – zu Betriebsschließungen und Massenentlassungen führte (vgl. Fröbel/Heinrichs/Kreye 1980).

Vor diesem Hintergrund hatte Restrukturierungspolitik in diesen Jahren vor allem das Ziel, auf dem Weltmarkt konkurrenzfähige Akteure herauszubilden (Rationalisierung und Konzentration) und Zeit für die Bewältigung des Strukturwandels vor allem auch durch Abfederung der sozialen Folgen zu gewinnen.

Die Restrukturierungspolitik wurde in den Regionen besonders relevant, in denen Krisenbranchen und die sozialen Folgen konzentriert waren und zu kumulativen Krisenkreisläufen führten bzw. zu führen drohten. Sowohl im Rahmen der Gemeinschaftsaufgabe zur Verbesserung der regionalen Wirtschaftsstruktur wie auch bis Ende der 1990er Jahre in den europäischen Strukturfonds wurden insbesondere Montanregionen, aber etwa auch Küsten- oder Textilregionen in ihren Anpassungs- und Entwicklungsstrategien unterstützt (vgl. für das Ruhrgebiet etwa Kilper u.a. 1994, für die internationale Diskussion etwa Massey/Meegan 1982 oder Hamm/Wienert 1990).

Die parallel dazu verfolgte Strategie der Unterstützung der Konzentration von Unternehmen hatte ebenfalls erhebliche regionale Implikationen. Beispiele hierfür sind etwa die Konzentration im Bergbau (Saarland, Ruhrgebiet), die europäische Airbus-Gründung (Toulouse, Hamburg) oder die

Stützung von General Motors (Detroit) durch die amerikanische Regierung. Auch neuere Ambitionen der europäischen Kommission europäische „World-Class-Cluster" zu organisieren bzw. in ihrer Entwicklung zu unterstützen kann in diesem Zusammenhang interpretiert werden.

Dieses Modell der Industriepolitik ist deshalb umstritten, weil argumentiert wird, dass der auch nur vorübergehende Erhalt der bestehenden Strukturen dazu führt, Lern- und Umstrukturierungsprozesse hinauszuzögern oder gar zu verhindern. Übersehen wird dabei, dass sowohl gesellschaftliche Veränderungsprozesse wie auch Lernprozesse Zeit benötigen. Allerdings ist heute anerkannt, dass derartige Stützungsmaßnahmen nur dann erfolgsversprechend sind, wenn parallel dazu eine Neuausrichtung erfolgt, womit der Übergang zum dritten hier zu diskutierenden Modell, zur Innovationspolitik fließend wird.

Die strukturellen Folgen der Öl(preis)krise bildeten den Ausgangspunkt für diesen dritten industriepolitischen Typ, für die Innovationspolitik. Mit dem Beginn einer neuen, von der Digitalisierung getragenen langen Welle (Schumpeter 1987, Mensch 1982) wurde eine auf Unternehmensgründung, Technologieentwicklung, Technologietransfer und Technologieparks ausgerichtete Modernisierungspolitik zum Treiber wirtschaftspolitischer Strategien.

In der Anfangsphase der Innovationspolitik spielten gesellschafts- und auch arbeitspolitische Aspekte durchaus noch eine wesentliche Rolle (siehe Kap.3). In den folgenden Jahren setzte sich dann allerdings ein Modell der Innovationspolitik durch, das vor allem auf technische Innovationen ausgerichtet war, das sich weitgehend auf den vorwettbewerblichen Bereich konzentrierte (also die Markt- oder Nachfrageseite nicht anvisierte) und entsprechend von der Vernetzung von Wirtschaft, Wissenschaft und Politik (Trippel Helix) getragen wurde. Innovationsförderung wurde zum zentralen Instrument, gesellschaftliche Ziele sollten sich dann in der Folge über Wettbewerbsfähigkeit und Wachstum realisieren.

Innovationspolitik war zunächst räumlich „blind". Seit den späten 1970er Jahren stieg allerdings das Bewusstsein für eine regionale spezifische Umsetzung. Technologiezentren und -parks sowie Gründerzentren bildeten Kerne einer regionalisierten Innovationspolitik. Spätestens mit dem Bio-Regio-Wettbewerb der 1990er Jahre wurde die regionale Dimension expliziter Bestandteil der deutschen Innovationspolitik.

Innovationspolitik war weitgehend als horizontale Politik angelegt, also eher auf generelle Technologiefelder als auf einzelne Branchen ausgerichtet. Industrie spielte insofern mittelbar eine Rolle, da industrielle Branchen in den meisten Fällen Technologieführer waren. Auch im Rahmen der sich durchsetzenden Clusterpolitik wurden die industriellen Schlüsselbranchen wie Automobilindustrie, Maschinenbau oder Chemische Industrie gefördert (vgl. Rehfeld 1999, Kiese 2012).

Der vierte Typ, Transitionspolitik, entwickelt Innovationspolitik teilweise weiter, geht auch insofern über diese hinaus, als nicht die Innovation an sich sondern ihr Beitrag zur Bewältigung gesellschaftlicher Herausforderungen im Mittelpunkt steht. Die Impulse kamen aus der Europäischen Union und aus verschiedenen Diskursen: die Frage nach der Effektivität der bisherigen, technologiegetriebenen Innovationspolitik, die Suche nach einem umfassenderen, von der Nachfrage ausgehenden und soziale Aspekte einbeziehenden Innovationskonzept oder der Umbau in Richtung nachhaltigen Wirtschaftens (vgl. Hopkins 2008, Grin u.a. 2010) fließen in dieses Konzept ein.

Die Transitionspolitik schließlich sieht die lokale Ebene als einen zentralen Ort experimenteller und strategischer Neuausrichtung. Allerdings findet eine Verschiebung statt: Handlungsraum ist weniger die Region, sondern zunehmend wieder die Stadt oder das urbane Quartier.

Die konzeptionelle Fundierung der Transitionspolitik befindet sich noch in der Anfangsphase. Der zentrale Unterschied zur bisherigen Innovationspolitik besteht darin, dass diese nicht mehr primär ökonomisch sondern gesellschaftspolitisch begründet wird. Wesentliche Impulse kommen aus der europäischen Strategie zur Bewältigung gesellschaftlicher Herausforderungen. Weiterhin spielt die Diskussion um eine ressourcenschonende Wirtschaft eine zentrale Rolle. Bezogen auf die industrielle Entwicklung ist auch die verkürzt unter dem Stichwort „Industrie 4.0" geführte Diskussion um die Digitalisierung industrieller Prtoduktion von wachsender industriepolitischer Bedeutung. Eine derartige Weiterentwicklung oder Neuausrichtung der Innovationspolitik hat verschiedene Konsequenzen (vgl. erste Überlegungen in Rehfeld/Terstriep 2016), die es berechtigt erscheinen lassen, von einem neuen industriepolitischen Modell zu sprechen:

- es kann nur wirksam werden, wenn sie von einer breiteren Akteursstruktur als die der Trippel Helix verpflichtete Innovationspolitik getragen wird,
- es wird neben den technischen bzw. ökonomischen zunehmend auch soziale Aspekte von Innovation einzubeziehen haben,
- es kann sich nicht auf die vorwettbewerbliche Seite der Innovation beschränken, sondern wird sich wesentlich näher in Richtung der Entwicklung von Märkten bzw. Leitmärkten orientieren müssen,
- damit wird Industriepolitik wesentlich stärker als bisher in einen gesellschaftspolitischen Kontext einzubinden sein.

Übersicht 1: Industriepolitik – eine Typologie

	Fokus auf Wettbewerbsfähigkeit
Unternehmensinteressen als Treiber	*Nachholende Politik*
	Schaffung eines Rahmens, der es lokalen Unternehmen erlaubt zu expandieren und das Minimum effektiver Größe zu erreichen, um auf dem globalen Markt wettbewerbsfähig zu werden. Instrumente: Handelsbeschränkungen und local content Vorschriften.
	Fokus auf Innovation
	Innovationspolitik
	Unterstützung nationaler oder regionaler Sektoren bei Forschung und Technologie auf dem neuesten Stand oder führend zu sein. Instrumente: Direkte und indirekte Technologieförderung, spezifische Technologieprogramme.
Soziale Interessen als Treiber	**Fokus auf Wettbewerbsfähigkeit**
	Restrukturierungspolitik
	Starker Bezug auf die sozialen Folgen sektoralen und regionalen Strukturwandels, vor allem dort, wo zentrale Branchen an Wettbewerbsfähigkeit verloren haben und/oder durch eine sinkende Nachfrage obsolet werden. Instrumente: Überwiegend Unterstützung der Konsolidierung und Rationalisierung, um die Wettbewerbsfähigkeit zu erhalten, ergänzt durch Abfederung der sozialen Folgen.
	Fokus auf Innovation
	Transitionspolitik
	Zielt auf die Bewältigung der großen gesellschaftlichen Herausforderungen, insbesondere auf eine nachhaltige ökologische Umstrukturierung (Energieeinsparung, CO_2 Reduzierung, Recycling usw.). Instrumente: Regulierung, koordiniertes Handeln, regionale Umbauprojekte, soziale Innovationen.

Quelle: Rehfeld/Dankbaar 2015

Übersicht 1 fasst die historisch herausgearbeiteten Typen von Industriepolitik systematisch zusammen. Die Systematik unterscheidet erstens inwieweit das treibende Motiv auf ökonomische Interessen oder auf soziale bzw. gesellschaftliche Interessen ausgerichtet ist. Zweitens wird unterschieden, inwieweit der Fokus auf Wettbewerbsfähigkeit (Größe, Faktorkosten) ausgerichtet ist oder auf Technologie bzw. Innovation.

Diese Typologie kann einen ersten Rahmen in der momentan vielfältigen Diskussion um die Neuausrichtung von Industriepolitik liefern. Wir werden auf diese Aspekte, vor allem auf die sich in Entwicklung befindende Strategie der Transitionspolitik, am Ende ausführlich zurückkommen. Deutlich sollte bisher geworden sein, dass unabhängig von der nationalen Verankerung industriepolitischer Modelle die regionale oder lokale Ebene immer eine zentrale Rolle gespielt hat.

Sicher ist zu berücksichtigen, dass die regionale Ebene nicht isoliert betrachtet werden kann und immer im Kontext der unterschiedlichen globalen Einbindungen (verschiedene politische Ebenen, globale Wertschöpfungsketten, globale Wissensdynamiken usw.) verstanden werden muss. Bevor wir diese regionale Ebene tiefer betrachten, wollen wir uns mit der Frage auseinandersetzen, inwieweit die Finanz- und Wirtschaftskrise der späten 2000er Jahre als Wendepunkte in der Industriepolitik verstanden werden kann.

2.3 Die Finanz- und Wirtschaftskrise als Wendepunkt?

Wie im voranstehenden Abschnitt gezeigt wurde, hat Industriepolitik schon immer stattgefunden, auch wenn sie in den vergangenen Jahren nicht explizit auf der politischen Agenda war. Wenn wir nach der Wirtschafts- und Finanzkrise 2008/09 als Wendepunkt fragen, dann kann dies zweierlei bedeuten: Zum einen kann sich dies darauf beziehen, dass Industriepolitik nun „hoffähig" geworden ist, dass sie sich nicht mehr in anderen Politikfeldern wie Innovationspolitik, Strukturpolitik, Kohäsionspolitik oder Energiepolitik verstecken muss. Ein solcher Wandel ist keineswegs trivial, ist er doch notwenige Voraussetzung dafür, Industriepolitik diskussions- und strategiefähig zu machen. Zum anderen kann sich das darauf beziehen, dass nach der Wirtschafts- und Finanzkrise neue industriepolitische Strategien und Instrumente entwickelt und umgesetzt wurden.

Um diese Frage zu beantworten, interessierte uns zunächst die Wahrnehmung gewerkschaftlicher Akteure. Von daher haben wir zu Beginn des Projekts ca. 20 für industriepolitische bzw. strukturpolitische Fragen zuständigen Personen in den Gewerkschaften befragt. Die Gesprächspartner kamen aus dem DGB, der IG Metall und der IG BCE auf der Ebene der Bezirks- bzw. Landesbezirke sowie des Bundes. Es handelte sich um semi-strukturierte Interviews (eine Liste mit den Gesprächspartnern findet sich im Anhang). Im Mittelpunkt stand die Frage, inwieweit ein Bruch in der industriepolitischen Diskussion und Praxis wahrgenommen wurde und welche industriepolitischen Konsequenzen daraus gezogen wurden.

Grundsätzlich lässt sich festhalten, dass aus Sicht der meisten Gesprächspartner Industriepolitik seitens der Gewerkschaften ein Thema ist, das bereits vor 2008 neu auf der regionalpolitischen Agenda war. Industriepolitik war schon immer ein Thema. Dies wird, wie in den folgenden Kapiteln gezeigt wird, auch an den meisten regionalen industriepolitischen Projekten deutlich: ihre Impulse/Wurzeln liegen oft Jahre zurück, in den letzten Jahren hat sich aber ein Fenster für eine neue Dynamik geöffnet. In den Gesprächen auf der Landesebene kommt dies dadurch zum Ausdruck, dass nach Ansicht fast aller Gesprächspartner die öffentliche und politische Sensibilität für das Thema Industriepolitik gewachsen ist, der Zugang zu politischen Diskursen offener ist: „...die anderen haben sich auf uns zubewegt" so sinngemäß die weit verbreitete Einschätzung.

Was dies konkret bedeutet, ist allerdings bei den Gesprächspartnern umstritten. Gemeinsam ist die Einschätzung, dass auf der Bundesebene die Reaktion auf die Finanz- und Wirtschaftskrise 2008/9 selbst als die wichtigste industriepolitische Änderung angesehen wird, auch wenn es sich bei genauerem Hinsehen um konjunkturpolitische Programme handelt. Programme zur Stabilisierung der Nachfrage wie die „Abwrackprämie", die Nutzung arbeitspolitischer Instrumente, um Beschäftigte in den Betrieben zu halten und Initiativen zur Sicherung der Finanzierung von KMU werden als die wesentlichen Instrumente gesehen. Die Interpretation ist unterschiedlich: teilweise wird auf Mitnahmeeffekte hingewiesen, in einem Fall wird von einem Paradigmenwechsel in der Form gesprochen, dass Kurzarbeit sich von einem sozialpolitischen zu einem industriepolitischen Instrument entwickelt hat. Die Herausforderung wird gemeinsam darin gesehen, von den Krisenbewältigungsstrategien zu einer Zukunftsstrategie zu kommen.

Auf der Ebene der Bundesländer haben mit Bezug auf die Krise vor allem von den Wirtschaftsministerien organisierte ad-hoc-Arbeitsgruppen und Gespräche stattgefunden. Auch hier waren Beschäftigungssicherung und Finanzierungsmöglichkeiten für KMU die zentralen Themen. Diese ad-hoc-

Initiativen werden überwiegend positiv eingeschätzt, weil sie von einer begrenzten Zahl von Entscheidungsträgern geprägt waren und aufgrund des Handlungsdrucks einen konkreten Problemlösungsbezug hatten.

In verschiedenen Bundesländern sind in Folge dieser ad-hoc-Aktivitäten industriepolitische Arbeitskreise auf Ebene der Landesregierungen eingerichtet worden. Hierbei lässt sich allerdings nicht immer klar sagen, inwieweit eine veränderte Wahrnehmung als Folge der Krise oder eine Änderung der politischen Rahmenbedingungen (Regierungswechsel) den Impuls für die Arbeitskreise gegeben haben. Generell gilt, dass die politische Verortung des Ministers zentral für den Zugang zum für Industriepolitik zentralen Wirtschaftsministerium ist. Dort, wo dieser Zugang nicht gegeben ist, wird seitens der Gewerkschaften versucht, über andere Ministerien (vor allem Arbeit, Staatsministerium bzw. Staatskanzlei, Energie, Umwelt) Zugang zu finden. In den neuen Bundesländern ist mit einer Ausnahme aufgrund des Problemdrucks die Offenheit für industriepolitische Themen besonders ausgeprägt, was sich vor allem auch in den Kriterien für strukturpolitische Programme (Europäischer Strukturfonds, Gemeinschaftsaufgabe zur Verbesserung der regionalen Wirtschaftsstruktur) festmachen lässt, in denen qualitative Ansprüche an Arbeit in die Vergabekonditionen eingebaut wurden.

Insgesamt lässt sich aber die Einschätzung festhalten, dass es zwar eine größere Offenheit, erweiterte oder neue Arbeitszusammenhänge und neue programmatische Erklärungen gibt, allerdings von einer strategisch ausgerichteten Industriepolitik bis dahin nicht die Rede sein kann.

Die Anforderungen an die Gewerkschaften in diesen Monaten und Jahren unmittelbar nach der Krise bestanden in erster Linie darin, kurzfristig auf Anfragen zu reagieren und sich in problembezogene Arbeitszusammenhänge einzubringen. Hierdurch wurden gewerkschaftliche Akteure nach eigenen Aussagen gelegentlich „auf dem falschen Fuß erwischt". Industriepolitik wurde in erster Linie von betrieblichen Problemen und Herausforderungen her konzipiert und initiiert, weniger von der sektoralen oder regionalen Perspektive. Von daher war der Engpass ein doppelter: auf Industriepolitik oder Strukturpolitik spezialisierte Bezirkssekretäre waren schon allein zeitlich von den neuen Anforderungen überfordert, gleichzeitig war eine innerorganisatorische industriepolitisch-programmatische Grundlage bestenfalls partiell vorhanden.

Von daher wurde in den Gesprächen auch wiederholt die Notwendigkeit betont, Voraussetzungen für langfristig strategische industriepolitische Aktivitäten aufzubauen. Ansätze wurden zur Zeit der Durchführung der Gespräche (Frühjahr/Sommer 2013) genannt: In einzelnen Bundesländern (z.B. Niedersachsen, Baden-Württemberg) wurden seitens des DGB struktur- bzw. industriepolitische Arbeitskreise initiiert, die aber seinerzeit nicht dauerhaft getragen haben. In NRW hat eine industriepolitische Ideenwerkstatt stattgefunden, Folgeaktivitäten standen noch aus. In Bayern wurden industriepolitische Arbeitskreise der IG Metall in den Regionen bzw. mit den Verwaltungsstellen geplant.

Deutlich wurde aber auch, dass sich die begrenzte organisationspolitische Verankerung und die gesellschaftliche Einbindung nicht von heute auf morgen zurückdrehen lassen. Die Rückgewinnung industriepolitischer Kompetenz und die Entwicklung derartiger Strategien seitens der Gewerkschaften erfordern strategische Kampagnen, die – so die überwiegende Meinung – mehrjährige Vorarbeit benötigen.

Sowohl bei den Gewerkschaften wie auch in der Industriepolitik hat sich in den Jahren nach Abschluss der Expertengespräche eine neue Dynamik gezeigt, die in den folgenden Darstellungen soweit notwendig mit in die Überlegungen einbezogen wird.

3   Wurzeln regionaler Industriepolitik – ein kurzer Rückblick

Regionale industriepolitische Aktivitäten mit einer arbeitspolitischen Ausrichtung weisen in den vergangenen Jahren eine wechselvolle Geschichte
auf, auch wenn sie, wie eingangs dargestellt, nicht immer unter dem Begriff
„Industriepolitik" kommuniziert wurden. Zentrale Impulse gingen in den
1980er Jahren von lokalen und regionalen Initiativen aus, die nach strategischen Alternativen zur seinerzeit dominierenden Praxis vor allem kompen-
sierender Sozialpläne suchten. Hierbei kamen verschiedene Aspekte zusammen.

Erstens zeichneten sich nach den Restrukturierungskrisen der 1970er
Jahre Konturen einer neuen, postfordistischen Phase der kapitalistischen
Entwicklung ab, die unter dem Stichwort des Übergangs der Massenproduktion zur flexiblen Produktion (Piore/Sabel 1985) diskutiert wurden. Für
unseren Zusammenhang ist wichtig, dass im Rahmen dieser Diskussion die
Bedeutung des regionalen Umfelds für die industrielle Entwicklung stärker
in den Mittelpunkt des Interesses geriet. Am Beispiel von so unterschiedlichen Regionen wie Silicon Valley, Baden-Württemberg und dem Dritten
Italien wurde die Region bzw. wurden regionale Verflechtungszusammen-
hänge in ihrer Bedeutung für industrielle Kompetenz und Wettbewerbsfähigkeit herausgearbeitet und ein zentrales Thema strukturpolitischer Strategien (vgl. zusammenfassend Rehfeld/Terstriep 2013).

Zweitens fand parallel dazu ein Wandel der politischen Strategien statt,
der verschiedene Dimensionen aufwies. In inhaltlicher Hinsicht wurden mit
dem Bundesprogramm „Humanisierung der Arbeit" (Matthöfer 1977, Sauer
2011) und dem auf infrastrukturelle und ökologische Modernisierung ausgerichteten Zukunftsinvestitionsprogramm neue, auf die Zukunft ausgerichtete industriepolitische Instrumente aufgelegt. Der zu Beginn zu be-
obachtende umfassende gesellschaftliche Aspekte berücksichtigende Ansatz geriet in den folgenden Jahren zunehmend in den Hintergrund und
machte einer stärker angebotsorientierten Innovationspolitik Platz.

Mit der parallelen Einsicht, dass industrielle Entwicklung kaum durch
Ansiedlungen von außen erfolgversprechend war, wurde der bis dahin dominierenden und auf die Umsetzung von Investitionen setzenden Gemeinschaftsaufgabe zur Verbesserung der regionalen Wirtschaftsstruktur der
Boden entzogen. Von daher war eine Neuausrichtung der regionalen Struk-

turpolitik auf die Mobilisierung endogener Potenziale bzw. auf die Bestandspflege im Rahmen der kommunalen Wirtschaftsförderung konsequent und wurde durch eine Regionalisierung von Arbeitsmarkt- und Technologiepolitik konkretisiert.

Diese Hinwendung zur regionalen Ebene wurde durch einen generellen Trend zur Regionalisierung politischer Kompetenzen (vgl. Hooghe u.a. 2010) und Strategien (vgl. Benz u.a. 2000) begünstigt. Industriepolitisch waren diese Aktivitäten insofern für die hier aufgeworfene Fragestellung relevant, weil sowohl der Ausgangspunkt wie auch die Zielrichtung in industrieller Produktion zu finden waren und heute wieder aktuelle Themen, wie vor allem die ökologische Modernisierung, bereits damals eine zentrale Rolle spielten.

Drittens waren die Gewerkschaften konzeptionell auf diese veränderte Situation vorbereitet. Der Übergang von einer eher defensiven Schutzfunktion zu einer aktiven Gestaltungsfunktion gerade vor dem Hintergrund der beschleunigten technologischen Entwicklung war bereits Anfang der 1970er Jahre eingeleitet worden. Wegweisend war die erste internationale Konferenz der IG Metall 1972 in Oberhausen zum Thema „Lebensqualität" als Schlüsselkonzept für einen modernen Wohlfahrtsstaat (Friedrichs 1972). In dieser Zeit gelang es den Gewerkschaften auch, die Arbeitsgruppe „Automatisierung" der Bundesregierung in ein umfangreiches – von 1971 bis 1976 laufendes – Projekt zum wirtschaftlichen und sozialen Wandel umzuwandeln. In dieser Kommission kann der erste – und möglicherweise bis heute ambitionierteste Versuch gesehen werden, eine gemeinsame Strategie zur Gestaltung des technischen Wandels und der damit zusammenhängenden sozialen Auswirkungen zu erarbeiten (Lecher 1977).

Viertens war dieser Strategiewandel für die regionale Industriepolitik deshalb bedeutsam, weil Leminsky (1972: 37) im Rahmen der oben genannten Konferenz in Oberhausen ankündigte, dass die Gewerkschaften die lokalen Einheiten stärken wollten, um im Rahmen einer stärken dezentralen Strategie die Gestaltung des wirtschaftlichen und sozialen Wandels durch eine aus den Regionen kommende bottom-up Strategie voranzutreiben.

Diese stärkere Betonung dezentraler Strategien wurde durch zwei Entwicklungen unterstützt. Zum einen wurden sie durch wissenschaftliche Untersuchungen empirisch und strategisch fundiert (vgl. etwa Bosch u.a. 1987, Elsner/Katterle 1984, Einemann/Lübbing 1985) und durch Fallstudien dokumentiert (etwa in Bullmann u.a. 1986, Maier/Wollmann 1986). Zweitens wurde in diesen Jahren ein die gewerkschaftlichen Strategien unterstützendes Umfeld aufgebaut (siehe hierzu auch Kapitel 5.4). Bereits in den 1970er Jahren wurden die ersten Kooperationsstellen mit den Gewerkschaften an den Universitäten eingerichtet (vgl. Kock 2013). In den 1980er Jahren erfolgte die Einrichtung gewerkschaftlicher Technologieberatungsstellen, und Mitte der 1980er Jahre wurden mit ISA Consult und dem IMU Institut erste auf die Beratung spezialisierte Beratungsunternehmen gegründet bzw. ausgegründet, die in den folgenden Jahren eine Vielzahl von Konzepten zur regionalen Industrie- und Strukturpolitik erarbeitet haben.

Die Rahmenbedingungen und die konkreten Strategien und Instrumente einer von den Gewerkschaften vorangetriebenen regionalen Industriepolitik haben sich in den folgenden Jahren vor dem Hintergrund veränderter Rahmenbedingungen immer wieder gewandelt.

In den 1980er Jahren standen vor allem regionale Beschäftigungs- und Entwicklungsgesellschaften im Mittelpunkt. Das zentrale Ziel bestand in der Schaffung von Arbeitsplätzen und in der Verbesserung der Arbeits- und Lebensbedingungen. Einzelbetriebliche Umstrukturierungen und Krisen bzw. lokale und regionale Impulse waren immer wieder der Hebel. ZATU in Nürnberg, RESON in Südostniedersachsen, das Entwicklungszentrum Dortmund, Ecos in Osnabrück waren Modelle, die Vorbildcharakter für eine große Zahl weiterer regionaler Initiativen hatten.

Parallel dazu fanden sich Anfang der 1990er Jahre in der Auseinandersetzung um den Erhalt der industriellen Kerne in den neuen Bundesländern als Gegenkonzept zur einseitigen Privatisierungspolitik weitere Impulse für eine regionale Industriepolitik, die Beobachter bereits damals von einer Renaissance der Industriepolitik (SZ, 8.12.1992) sprechen ließen.

In den ersten Jahren zunächst eher einer „Feuerwehrpolitik" entsprechend, fanden sich in der zweiten Hälfte der 1990er Jahre in einzelnen neuen Bundesländern Ansätze einer systematischen Industriepolitik. Beispielhaft zu nennen ist das Modell ATLAS (ausgesuchte Treuhandunternehmen vom Land angemeldet zur Sanierung) in Sachsen, das in ähnlicher Form auch in Thüringen initiiert wurde. Ein anderes Beispiel ist die 1997 eingerichtete Stiftung Innovation und Arbeit Sachsen (IAS), mit der über den reinen Erhalt von einzelnen Betrieben hinausgegangen und angestrebt wurde, regionale Vorleistungs- und Absatzverflechtungen aufzubauen (vgl. als frühe Darstellung etwa Naegele (1996) sowie die informative Bilanz in Krumbein/Hochmuth (2000: 205ff) mit weiteren Verweisen).

Im Zuge der Herausbildung einer neuen Rolle der Regionen und eines neuen regionalen Steuerungsmodells veränderten sich in den 1990er Jahren auch die Rollen der Beteiligten, wobei wesentliche Impulse für regionale Industriepolitik von der europäischen Strukturpolitik ausgingen, die in diesen Jahren der wichtigste Rahmen auch für industriepolitische Aktivitäten darstellte. Die wesentliche Neuerung bestand in der Entwicklung eines programmatischen Rahmens (in der Regel regionales Entwicklungskonzept), in den strategische Projekte der jeweiligen Regionen eingebunden waren. Exemplarisch hierfür standen die Zukunftsinitiative Montanregionen bzw. die Zukunftsinitiative NRW. Innerhalb der damit entstandenen und teilweise auch institutionalisierten regionalen Netzwerke war in der Regel ein breites Spektrum von Akteuren aus allen gesellschaftlichen Bereichen vertreten. In den meisten Fällen dominierten kommunale Vertreter, die Industrie- und Handelskammern, Gewerkschaften und in einzelnen Regionen auch Großunternehmen (vgl. Batt 1994, Hartmann 1994, Fürst/Kilper 1994, Rehfeld/Weibler 1998).

Diese Veränderung erhielt durch die unter dem Stichwort „Clusterentwicklung" erfolgte strukturpolitische Neuausrichtung einen weiteren Schub. An die Stelle konsensorientierter Programmentwicklung trat eine zunehmend von Unternehmen bzw. deren Verbänden und Wissenschaft getragene Selbstorganisation (in den seltensten Fällen auch Selbstfinanzierung) und an die Stelle strategischer Leitprojekte traten im Wettbewerbsverfahren vergebene Innovationsprojekte.

Bezogen auf die regionale Industriepolitik deuteten sich allerdings mit der Clusterpolitik Elemente einer Neuorientierung an. Industrielle Branchen haben durchaus ein hohes Gewicht und sind stärker vertreten als Dienstleistungsbranchen. Gewerkschaften sind allerdings in den Clustern nur begrenzt vertreten. Am ehesten noch dort, wo großindustrielle Akteure und Interessenvertretungen kooperieren, gelegentlich auch eher informell dort, wo Industrieverbände stark in das Clustermanagement involviert sind und bereits funktionierende informelle Netzwerke bestehen.

Von den anderen industriepolitisch relevanten Politikfeldern ist in diesen Jahren vor allem die Innovationspolitik zu nennen, die sich allerdings zunehmend technologisch ausgerichtet hat, soziale, arbeitspolitische und organisatorische Aspekte immer stärker in den Hintergrund treten ließ, wie es sich etwa im Konzept der „Triple Helix" niedergeschlagen hat. Thematisch führte dies dazu, dass Dienstleistungsbranchen wie die Gesundheitswirtschaft und Technologiebranchen in den Vordergrund des strategischen Interesses rückten. Insgesamt wurde das Spektrum strukturpolitischer Aktivitäten durch die europäische Strukturpolitik erweitert (Voelzkow/Hoppe 1996), industriepolitische regionale Aktivitäten traten allerdings in den Hintergrund.

Kasten 3: Zur Konzeption regionaler Industriepolitik – Beispiele aus den 1990er Jahren

---

Die "Kunst regionalisierter Industriepolitik" wird darin bestehen,

- auf der jeweiligen horizontalen Ebene eine geschlossene bzw. Schwerpunkte einer Industriepolitik zu formulieren, die über die gelegentlich divergierenden Ziele der Fachpolitiken und deren Fragmentierung hinausgeht,
- eine vertikale Verbindung zwischen den Industriepolitiken der verschiedenen Ebenen zu schaffen, ohne dass Blockaden aufgrund unterschiedlicher Zielsetzungen und Interessenlagen auftreten,
- eine Verlaufsform von Industriepolitik zu finden, die Dezentralisierung und Entscheidungsdemokratisierung in der Region mit Durchsetzungs- und Handlungsfähigkeit zentraler Ebenen verbindet." (Krippendorf 1994: 115)

„Die Entwicklung einer solchen regionalisierten industriepolitischen Strategie - dies bleibt hervorzuheben - wird sich nicht im Selbstlauf vollziehen, sondern nur über gesellschaftliche Dialog- und Auseinandersetzungsprozesse. Eine regionalisierte industriepolitische Strategie muss

- die Sicherung und Erweiterung vorhandener ökonomischer Stärken in der Region,
- die Entwicklung und den Aufbau neuer ökonomischer Potentiale,
- sowie den Aufbau und die Stabilisierung ökonomischer wie sozialer Netzwerk ein der Region mit dem Ziel der Stabilisierung und Verbesserung der Beschäftigungslage sowie einer umfassenden Verbesserung der Arbeits- und Lebensbedingungenverbinden. Es gilt den infolge struktureller Veränderungen unumgänglichen industriellen und wirtschaftlichen Umbau der Region sozial und innovativ zu gestalten. Es geht darum, eine Mitverantwortung von Unternehmen und Konzernen zur Umstrukturierung und zum Neuaufbau industrieller Beschäftigung einzufordern und institutionell zu verankern. Eine solche Mitverantwortung muss sich u. a. auf folgende Ansätze erstrecken:
- die Beteiligung von Unternehmen/Konzernen an einem regionalen Netzwerk von Entwicklungs- und Umbaueinrichtungen,
- die Bereitstellung von nicht mehr genutztem Gelände, von Gebäuden und betrieblichen Infrastruktureinrichtungen für Neuansiedlungen oder Neugründungen;
- die Mitorganisation und Mitfinanzierung von Sanierungsmaßnahmen,
- Produktentwicklungen und vorbereitende Qualifizierung für neue Beschäftigung,
- die zeitweise Bereitstellung von Managementkapazitäten für die Beratung kleinerer und mittlerer Betriebe in der Region, von Neugründungen und Ansiedlungsinteressenten." (Nikolaus Schmidt 1997: 9-11)

Übersicht 2: Die veränderte Rolle industriepolitischer Themen in der regionalen
Strukturpolitik

	Kernele-mente	Rolle der Gewerk-schaften	Basis für Einfluss-möglichkei-ten	Themati-scher Fokus
Impulse der 1980er Jahre	Regionale Beschäfti-gungs- und Entwick-lungsgesell-schaften	Impulsgeber und Initiator	Verhand-lungsmacht, Strategiefä-higkeit	Industrie als Ausgangs- und Bezugs-punkt, ge-sellschaftli-che Moder-nisierung mit stark ökologi-schen As-pekten
Umbau Ost Anfang der 1990er Jahre	Erhalt in-dustrieller Kerne	Treiber und Verhand-lungspartner	Verhand-lungsmacht, soziales Ka-pital	Wettbe-werbsfähig-keit
Strukturpo-litik der 1990er Jahre	Regionale Entwick-lungskon-zepte, Regi-onale Be-schäftgungs-bündnisse	Oft treiben-der Akteur im Rahmen von regiona-len Netzwer-ken	Soziales Ka-pital, partiell mit Ver-handlungs-macht im Hintergrund, formelle Be-teiligung	Gesell-schaftliche Modernisie-rung
Clusterpoli-tik seit Ende der 1990er Jahre	Regionale Clusterpro-jekte, Wett-bewerbsver-fahren	Selten, wenn dann oft in-formell be-teiligt, wachsende Skepsis	Begrenzt über infor-melle Netz-werke	Industrielle Branchen spielen eine Rolle, aber stärker auf Technologie und Dienst-leistungen bezogen

Eine systematische Analyse der Konsequenzen dieser industrie- und strukturpolitischen Veränderungen für die Interessenvertretung der beteiligten Akteure steht noch immer aus. Allerdings sind einzelne Bausteine vorhanden, die je nach Bezugspunkt und Untersuchungsgegenstand zu unterschiedlichen Ergebnissen kommen. So wird in einzelnen Fallstudien die treibende Rolle der Gewerkschaften bei der Erarbeitung regionaler industrie- und strukturpolitischer Strategien wie auch bei dem Aufbau regionaler Netzwerke und Agenturen herausgearbeitet (siehe etwa Lompe u.a. 1996 oder die Fallstudien in Rehfeld 1999). Beese u.a. (2003/4) haben die zentrale Rolle einzelner Personen und deren Netzwerke im Rahmen von altindustriellen Regionen herausgearbeitet, womit ein Handlungskorridor für stabilisierende Interventionen eröffnet wird.

Ziegler (2002) zeigt die aktive, aber immer auch von den Rahmenbedingungen abhängende Rolle der Gewerkschaften in ihrer Analyse der Technologie- und Innovationspolitik in NRW. Pixa (2011) zeigt in seiner Analyse der Neuausrichtung der Strukturpolitik in NRW die negativen Konsequenzen für die gewerkschaftlichen Beteiligungsmöglichkeiten auf, wobei die Gewerkschaften über Jahre eine proaktive Rolle bei Vernetzung, Qualifikation und Transfer eingenommen haben. Er weist darüber hinaus auch auf eine mangelnde Abstimmung zwischen den gewerkschaftlichen Akteuren auf den verschiedenen Ebenen wie auch zwischen den einzelnen Gewerkschaften hin, ein Problem, das sich auch in anderen Bundesländern fand.

Auch wenn diese Untersuchungen räumlich, zeitlich und thematisch unterschiedliche Schwerpunkte setzen, bilden sie doch den Hintergrund für einen Interpretationsrahmen, den wir in Kapitel 6 für die Analyse der regionalen Handlungsfähigkeit konkretisieren werden. Übersicht 2 fasst die hier kurz angerissenen Phasen bis zu unserem Untersuchungszeitraum, der Wirtschaftskrise 2008/9, zusammen. Grob zusammengefasst werden Verschiebungen deutlich:

- vom trilateralen Korporatismus der 1960er und 1970er Jahre,
- über den Verhandlungsmacht für strategische und konzeptionelle Innovationen nutzenden gewerkschaftlichen Impulsgeber der 1980er Jahre
- hin zu einer Einbindung in netzwerkbasierte Governancestrukturen seit den 1990er Jahren und einer
- institutionellen Ausdifferenzierung der Strukturpolitik, die für Gewerkschaften kaum noch Ansätze für integrierte Strategien und formelle Beteiligungsmöglichkeiten bietet.

4   Zur Praxis regionaler Industriepolitik nach der Finanz- und Wirtschaftskrise – Ergebnisse der schriftlichen Befragung

Um einen breiteren Überblick über die industriepolitischen Aktivitäten in den Regionen zu erhalten, wurde eine Vollerhebung bei allen DGB-Regionen (66), IG BCE Bezirken (44) und IG Metall-Verwaltungsstellen (151) durchgeführt. Befragt wurden die für Industrie- und Strukturpolitik Verantwortlichen vor Ort. Die postalische Befragung fand im Zeitraum zwischen Mitte Oktober 2012 und Januar 2013 statt. Insgesamt haben sich 89 der angeschriebenen regionalen Gewerkschaftsvertretungen an der Umfrage beteiligt. Dies entspricht einer Rücklaufquote von 34,1% (Abbildung 1).

Abbildung 1: Rücklaufquoten der schriftlichen Befragung

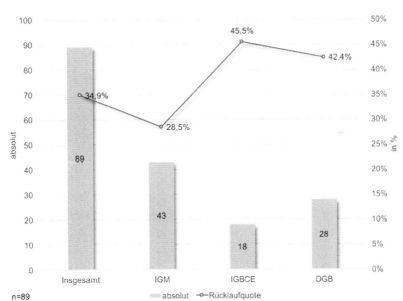

Quelle: eigene Erhebung

Für schriftliche Befragungen kann dies als ein zufriedenstellendes Ergebnis betrachtet werden. Allerdings zeigen sich auch deutliche und signifikante

33

(Chi^2-Test 10,674; p: 0,005) Unterschiede im Beteiligungsverhalten. So haben sich die DGB-Regionen (42,4%) und IG BCE-Bezirke (42,4%) deutlich stärker beteiligt als die Verwaltungsstellen der IG Metall (28,5%).

Auch in regionaler Betrachtung fallen Auffälligkeiten ins Auge (Abbildung 2). So liegen aus den westdeutschen DGB-Regionen knapp doppelt so viele verwertbare Fragebögen vor wie aus den entsprechenden ostdeutschen Vertretungen (48,1% gegenüber 21,4%).

Abbildung 2: Rücklaufquoten der schriftlichen Befragung in Ost- und Westdeutschland

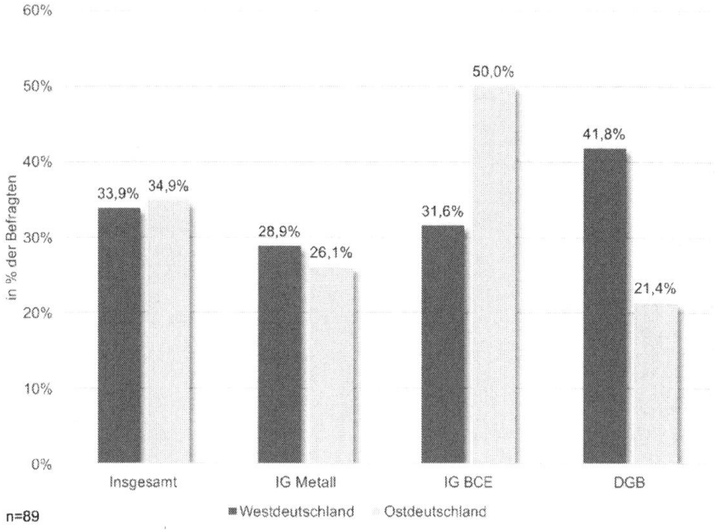

Quelle: eigene Erhebung

Ein umgekehrtes Antwortverhalten lässt sich bei der IG BCE beobachten (31,6% aus den westdeutschen Bezirken gegenüber 50% aus den ostdeutschen Bezirken), während sich im Antwortverhalten der IG Metall-Verwaltungs¬stellen keine wesentlichen Unterschiede zwischen Ost- und Westdeutschland feststellen lassen.

Legt man die Ergebnisse unserer schriftlichen Befragung zugrunde, so lässt sich die Frage, welche Rolle Industriepolitik für gewerkschaftliche Akteure in den Regionen seit der Finanzkrise gespielt hat, eindeutig beantworten (Abbildung 3). Nur für eine verschwindend geringe Zahl der befragten Gewerkschaftsvertreter und -vertreterinnen (3,4%) sind industriepolitische Fragestellungen und Aktivitäten seit 2008 neu auf die Agenda gesetzt worden. Für die weit überwiegende Mehrzahl dagegen gehört Industriepolitik schon immer zum Alltagsgeschäft. Allerdings hat das Thema insbesondere für die Mitgliedergewerkschaften IG BCE (66,7%) und IG Metall (48,8%) nach 2008 eine noch größere Bedeutung erlangt, während dies für lediglich knapp ein Drittel der befragten DGB Vertreterinnen und Vertreter zutrifft.

Abbildung 3: Bedeutungsveränderung Industriepolitik seit 2008

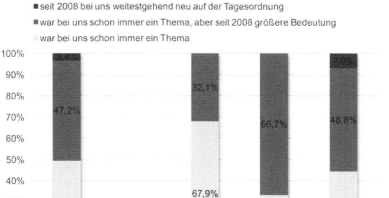

Quelle: eigene Erhebung

In Regionen kommen regionale und Branchenspezifika zum Tragen, oft auch im Zusammenhang mit aktuellen regionalen Entwicklungen und besonderen betrieblichen oder branchenbezogenen Problemlagen und Anforderungen (siehe Kap. 5).

Die nach wie vor spürbaren Folgen der Deindustrialisierung in den neuen Bundesländern nach der Wiedervereinigung sind hier ebenso zu nennen wie regionale Krisenkreisläufe in verschiedenen Regionen in den alten Bundesländern. Beispielhaft hierfür stehen die Folgen des Strukturwandels im Ruhrgebiet, aber auch spezifische, oft einzelbetrieblich verursachte Problemlagen in anderen Regionen der alten Bundesländer. Die relative Häufigkeit notwendiger krisenpolitischer Maßnahmen führt hier quasi zu einer relativen Konstanz industriepolitischer Aktivitäten.

Abbildung 4: Bedeutungsveränderung Industriepolitik seit 2008 nach Regionen und Industriedichte

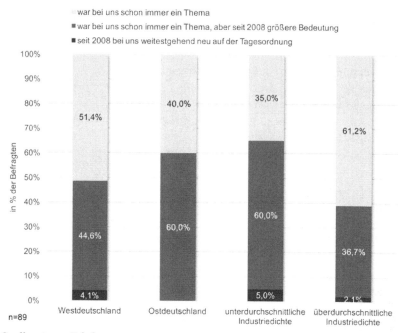

Quelle: eigene Erhebung

Auf der anderen Seite haben sich in unterschiedlichen Facetten die Auswirkungen der Energiewende (die Rolle fossiler und erneuerbarer Energieträger, Energiesicherheit in energieintensiven Betrieben, etc.) gerade für die IG BCE als Ausgangspunkt und Anlass erwiesen, Industriepolitik vor Ort als zentralen, kontinuierlichen Arbeitsbereich zu gestalten. Sei es um Antworten auf Branchen- und Betriebskrisen zu finden oder als strategische Gestaltungsaufgabe für eine regionale Standortentwicklung zu betreiben oder um generell Akzeptanz für die Notwendigkeit industrieller Produktion zu gewinnen.

Hinweise hierfür zeigen sich auch in der Umfrage, wenn man nach regionalen Merkmalen differenziert. So sind deutlichere Unterschiede zwischen

Ost- und Westdeutschland einerseits sowie zwischen Regionen mit unterschiedlichen Industriedichten[1] (Abbildung 4) zu beobachten. Zwar ist gerade in ostdeutschen Regionen und solchen mit im Vergleich zum Bundesdurchschnitt nur unterdurchschnittlichem Industriebesatz eine verstärkte industriepolitische Dynamik seit 2008 zu beobachten. Gleichwohl gehört auch hier industriepolitisches Engagement zum Alltagsgeschäft. Als mehr oder weniger neues Handlungsfeld ist es lediglich von einer verschwindend geringen Anzahl von gewerkschaftlichen Vertretungen vor Ort in Angriff genommen worden.

Abbildung 5: Stellenwert von Industriepolitik in der Region

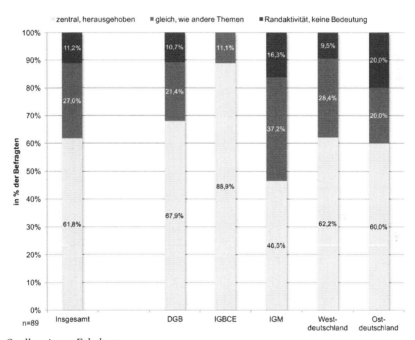

Quelle: eigene Erhebung

Vor diesem Hintergrund verwundert es nicht, dass industriepolitisch relevante Aktivitäten für die befragten Gewerkschaftsvertreter und Gewerk-

---

1   Industriedichte = Anteil Sozialversicherungspflichtig Beschäftigte Verarbeitendes Gewerbe an den Sozialversicherungspflichtig Beschäftigten insgesamt.

schaftsvertreterinnen einen herausgehobenen Stellenwert für ihre Arbeit besitzen (Abbildung 5). Dies gilt für Regionen in den alten und neuen Bundesländern gleichermaßen.

Unterschiede zeigen sich zwischen den befragten Gewerkschaften. Für 67,8% der befragten Vertreterinnen und Vertreter der DGB Regionen stellt Industriepolitik ein zentrales und herausgehobenes Betätigungsfeld dar. Für die befragten IG BCE Bezirke trifft dies sogar für knapp 89% zu. Ein wesentlicher Grund für diesen hohen Aktivitätsgrad der IG BCE Vertreter und Vertreterinnen dürfte sicherlich in der, zum Zeitpunkt der Befragung, vergleichsweise hohen Betroffenheit von aktuellen industriepolitischen Themen zu suchen sein. Die Energiewende und ihre Folgen für energieintensive Betriebe sind hier genauso zu nennen wie Standortfragen im Kontext der Neuerrichtung bzw. der Ausweitung von Chemiebetrieben oder Probleme bei der Standortsuche für konventionelle Energieanlagen (Stichwort Braunkohle).

Abbildung 6: Regelmäßigkeit industriepolitischer Diskussionszusammenhänge seit 2008 nach Regionen und Industriedichte

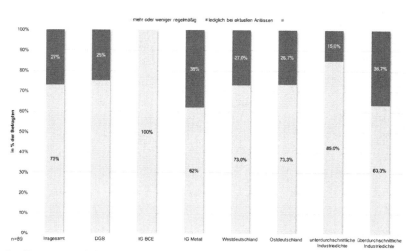

Quelle: eigene Erhebung

Von daher ist es wenig überraschend, dass in der Mehrzahl der Regionen industriepolitische Debatten mehr oder weniger regelmäßig auf der Tagesordnung stehen (73%) (vgl. Abbildung 6). Aus Sicht einzelner Gewerkschaften hängt der Grad der Konstanz, mit dem in den Regionen über Industriepolitik diskutiert wird, eng mit dem Stellenwert, dem die Thematik in der Region beigemessen wird, zusammen. Gleichzeitig zeigt sich, dass die Himmelsrichtung in diesem Zusammenhang keinerlei Bedeutung besitzt. Sowohl in West- wie auch in Ostdeutschland werden in den befragten Regionen industriepolitische Themen überwiegend regelmäßig diskutiert (73,3% Ostdeutschland, 74% Westdeutschland).

Viel stärker scheinen die spezifischen regionalen Problemlagen über Konstanz in den Diskussionshäufigkeiten zu entscheiden. Dies zeigt sich etwa in Regionen mit einem im Bundesvergleich geringerem Industriebesatz. Hier erfolgen industriepolitische Diskussionen deutlich regelmäßiger (85%). Eine Ursache hierfür dürfte in der Notwendigkeit liegen, die jeweilige Region als Industriestandort weiter auszubauen und zu entwickeln. Für Industriegewerkschaften dürfte im Erfolgsfall die damit verbundene Verbreiterung und Stärkung der eigenen Mitgliederbasis einen wesentlichen Anreiz darstellen.

Abbildung 7: Industriepolitische Diskussionszusammenhänge – in % der Befragten (Mehrfachnennungen)

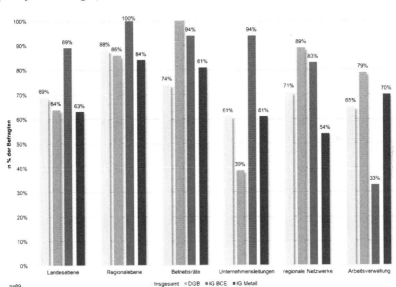

Quelle: eigene Erhebung

Ein buntes und vielschichtiges Bild ergibt sich, wenn man die industriepolitischen Diskussionszusammenhänge vor Ort aus institutioneller Sichtweise betrachtet (Abbildung 7). Für alle drei Gewerkschaftsorganisationen gilt, dass die eigene regionale Ebene den wichtigsten Diskussionszusammenhang darstellt (88%).

Tabelle 1: Themenstellungen industriepolitischer Aktivitäten zwischen 2008 und 2012 (Mehrfachnennungen)

	Insge-samt	DGB	IG BCE	IG Me-tall	West-deutsch-land	Ost-deutsch-land
Fach-kräftesi-cherung	86,4%	96,2%	88,9%	78,4%	85,3%	92,3%
Arbeits-platzsi-cherung	85,2%	84,6%	83,3%	86,5%	88,3%	69,2%
Aus- und Weiter-bildung	75,3%	73,1%	66,7%	81,1%	75,0%	76,9%
Gute Ar-beit	69,1%	73,1%	94,4%	54,1%	66,2%	84,6%
Innova-tion, Techno-logie-transfer	65,4%	84,6%	72,2%	48,6%	64,7%	69,2%
Ökologi-sche Mo-dernisie-rung	27,2%	34,6%	38,9%	16,2%	25,0%	38,5%
CSR, nachhal-tige Pro-duktion	25,9%	34,6%	44,4%	10,8%	23,5%	38,5%
Sonstiges	24,1%	24,0%	41,2%	16,2%	22,7%	30,8%

Quelle: eigene Erhebungen

Unterschiede zeigen sich dann eher im Detail. Während die betriebliche Ebene (Betriebsräte, Unternehmensleitungen) naturgemäß für die Industriegewerkschaften IG BCE und IG Metall eine größere Bedeutung besitzen, spielen für den DGB regionale Netzwerke und regionale Verwaltungen wie die Arbeitsverwaltung eine wichtigere Rolle. Die größere Bedeutung der jeweils eigenen Landesebene für die befragten IG BCE Vertreterinnen und

Vertreter dürfte mit der stärker zentral ausgerichteten Organisationsstruktur zusammenhängen, in der die Länderebenen für die Bezirke vor Ort im Kontext industriepolitischer Aktivitäten eine größere Bedeutung besitzen.

Die Frage nach den Themen (Tabelle 1) einer arbeitsorientierten regionalen Industriepolitik bedarf genauerer Betrachtung. Gefragt nach den Themen insgesamt, die in den letzten Jahren seit 2008 vor Ort eine Rolle gespielt haben, wird eine breite Palette an Aktivitäten sichtbar. Die zentralen Themen kreisen um Arbeit und Beschäftigung, wie Fachkräftesicherung, Beschäftigungs- und Arbeitsplatzsicherung, Aus- und Weiterbildung und mit einem Abstand Standards für gute Arbeit. Innovation, Technologie- und Wissenstransfer werden auch in rund zwei Drittel der Antworten als zentrale Themen benannt. Andere Themen wie ökologische Modernisierung oder Konzepte zur Unternehmensverantwortung spielen auf der regionalen Ebene eine geringere Rolle.

Abbildung 8: Anstöße für regionale industriepolitische Aktivitäten seit 2008

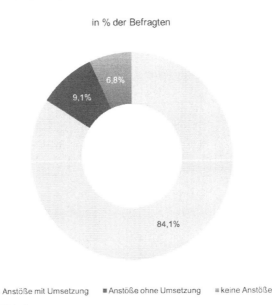

in % der Befragten

6,8%

9,1%

84,1%

Anstöße mit Umsetzung ■ Anstöße ohne Umsetzung ■ keine Anstöße

Quelle: eigene Erhebungen

Gleichzeitig bestehen durchaus unterschiedliche Gewichtungen im Themenspektrum zwischen den Gewerkschaften. So weisen die Ergebnisse der Umfrage für die IG Metallvertretungen auf eine stärkere Konzentration der Arbeit auf das Themenspektrum Arbeitsplatz- und Fachkräftesicherung inklusive der Aus- und Weiterbildungsthematik hin, während für den DGB vor allem die Themen Innovation und Technologietransfer eine größere Rolle spielen als bei den Mitgliedergewerkschaften. Auch in regionaler Perspektive zeigen sich Unterschiede. So vor allen Dingen beim Thema „Gute Arbeit", das in den ostdeutschen Regionen, bedingt durch den größeren Handlungsdruck durch den ausgeprägten Niedriglohnsektor, eine größere Relevanz besitzt, während Aktivitäten im Kontext von Arbeitsplatz- und Standortsicherungen in den alten Bundesländern häufiger genannt wurden.

In den befragten Regionen gab es im Zeitraum zwischen 2008 und 2013 zahlreiche Aktivitäten, die einen industriepolitischen Hintergrund hatten (Abbildung 8). 84% der befragten gewerkschaftlichen Vertreterinnen und Vertreter gaben an, dass es in diesen Jahren nicht nur Anstöße für derartige Initiativen gab, sondern dass diese auch mehr oder weniger in den jeweiligen Regionen umgesetzt wurden. Dabei ist zunächst die Frage nach dem Erfolg der jeweiligen Aktivitäten ausgeklammert[2].

Abbildung 9: Gewerkschaftliche Beteiligungsraten an regionalen industriepolitischen Aktivitäten seit 2008 - in % der gesamten industriepolitischen Aktivitäten vor Ort -

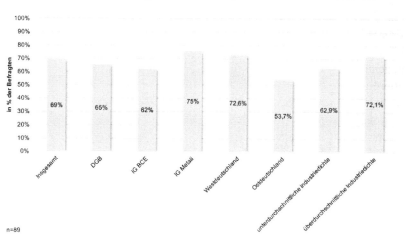

Quelle: eigene Erhebungen

Insgesamt betrachtet, so der Eindruck aus den Befragungen, ist die Einbindung von Gewerkschaften in diese industriepolitischen Aktivitäten vor Ort

---

2   Vgl. hierzu weiter unten im Kapitel 5 die Darstellung und die Erfahrungen mit den jeweils wichtigsten Aktivitäten.

nicht als Ausnahme anzusehen, sondern stellt eher den Regelfall dar (Abbildung 9). Nach Einschätzung der befragten Gewerkschaftsvertreterinnen und -vertreter waren sie im Beobachtungszeitraum in rund 70% der industriepolitischen Aktivitäten in der Region eingebunden. Unterschiede zeigen sich auch hier vor allen Dingen in regionaler Hinsicht.

So scheint die Integration von Gewerkschaften in die Industriepolitik der westdeutschen Regionen rein quantitativ gesehen stärker ausgeprägt zu sein (72,6%) als in den neuen Bundesländern (53,7%)[3]. In Westdeutschland, so der Eindruck, ist die Akzeptanz der Gewerkschaften als regionaler industriepolitischer Akteur und Partner offensichtlich stärker ausgeprägt. In den neuen Bundesländern muss diese Akzeptanz als industriepolitischer Akteur vielfach erst oder erst wieder erarbeitet werden[4]. Dies gilt vor allen Dingen auch vor dem Hintergrund der vereinigungsbedingten Folgen der Deindustrialisierung in vielen ostdeutschen Regionen.

Zu vermuten ist auch, dass in Regionen mit einer höheren Industriedichte, Industriegewerkschaften aufgrund ihres größeren Konflikt- und Mitbestimmungspotenzials eine größere Relevanz als industriepolitischer Akteur besitzen und daher in höherem Maße in entsprechende Diskussions- und Entscheidungszusammenhänge in der Region eingebunden sind. Die Ergebnisse unserer Befragung geben für diese Argumentation durchaus Hinweise (72,1% in Regionen mit überdurchschnittlicher Industriedichte gegenüber 62,9% in Regionen mit unterdurchschnittlicher Industriedichte), allerdings ist die feststellbare knapp zehnprozentige Differenz in den Beteiligungsraten statistisch nicht signifikant.

Auch wenn mit der rein quantitativen Betrachtung der regionalen industriepolitischen Einbindung sicherlich noch nichts über die Qualität und die Intensität des Engagements gesagt ist, unterstreichen die Ergebnisse das zu Beginn des Kapitels dargestellte Bild (vgl. Abbildungen 4 und 5). Industriepolitik ist für die Gewerkschaften in den Regionen kein neues, durch die Finanzkrise auf die Tagesordnung gesetztes Betätigungsfeld, sondern, so der Eindruck, Teil ihres breiten Tätigkeitsspektrums.

Aus der Vielzahl der in den Regionen zu beobachtenden industriepolitischen Aktivitäten finden sich immer wieder solche, die für die jeweiligen gewerkschaftlichen Akteure eine besonders herausgehobene Bedeutung besitzen. Befragt nach der Rolle, die die Gewerkschaften vor Ort bei diesem für die jeweilige Region zentralen Projekt gespielt haben, zeigt sich ein differenziertes Bild. In der weit überwiegenden Mehrzahl verstehen sich die

---

3   F-Test: 4,809; p: 0,032
4   vgl. hierzu auch Kapitel 4 sowie weiter unten in diesem Kapitel.

Befragten als Impuls- und Ideengeber der durchgeführten Aktivitäten vor Ort. Konkrete Beispiele für diese initiierende Funktion lassen sich etwa in Cottbus finden, wo die IG BCE eine zentrale Rolle bei der weiteren Entwicklung der Region als Industriestandort gespielt hat. Vergleichbares findet sich auch im Solar Valley (Halle-Magdeburg) oder in Erlangen, wo durch das Engagement der dortigen Verwaltungsstelle der IG Metall ein spezieller, auf die Bedürfnisse der regionalen Unternehmen ausgerichteter Studiengang ins Leben gerufen wurde[5].

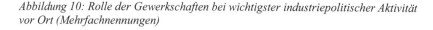

Abbildung 10: Rolle der Gewerkschaften bei wichtigster industriepolitischer Aktivität vor Ort (Mehrfachnennungen)

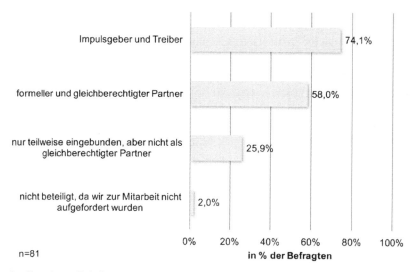

Quelle: eigene Erhebungen

Die Mehrzahl der Befragten hat sich zudem in den jeweiligen zentralen Projekten als gleichberechtigter Partner gesehen, der zudem auch formell in die jeweiligen Aktivitäten eingebunden war (Abbildung 10). Nur knapp ein Viertel bemängelte die nur teilweise erfolgte Einbindung in diese regional wichtigen Projekte und die damit verbundene fehlende Behandlung als gleichberechtigter Projektpartner.

Um die von der weit überwiegenden Mehrzahl der Befragten genannte Rolle als Treiber einnehmen zu können, ist die Einbindung und Nutzung

---

5 Vgl. hierzu ausführlich die Beispiele in Kapitel 5.

von Netzwerken von besonderer Bedeutung. Regionale Industriepolitik seitens der Gewerkschaften erfolgt immer in Zusammenhang mit anderen Akteuren: mit Unternehmen und Unternehmensverbänden, mit Kammern, mit
Akteuren der Wirtschafts- und Technologieförderung, mit den Arbeitsagen-
turen usw. und, sofern sie in Entscheidungen umgesetzt werden, ist es notwendig, Ziele im Rahmen von Institutionen umzusetzen oder sie institutionell zu verankern.

*Abbildung 11: Bedeutung Kooperationspartner für industriepolitische Aktivitäten -
Skalenmittelwerte -*

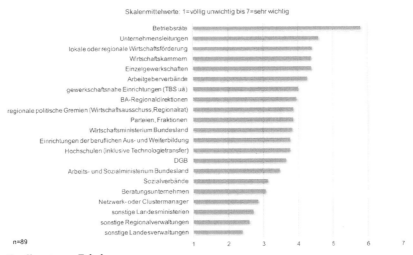

Quelle: eigene Erhebungen

Dies zeigt sich auch in unserer Umfrage (Abbildung 11). Dabei lassen sich
bei der Frage nach Verbündeten für regionale industriepolitische Aktivitäten bekannte Muster und eine hohe Kontinuität erkennen. Nach wie vor
spielt die betriebliche Ebene eine zentrale Rolle. Betriebsräte und Unternehmensleitungen stellen für die Mehrzahl der befragten Gewerkschaftsvertreter und -vertreterinnen die wichtigsten Verbündeten dar. Es folgen die
einschlägigen regionalen wirtschaftspolitischen Entscheider (Wirtschafts-
förderungen), die regionalen und lokalen Arbeitgeberorganisationen. Gewerkschaftsnahe Einrichtungen wie z.B. die TBS, BA-Regionaldirektionen
und regionale politische Gremien, wie Wirtschaftsausschüsse oder Regio-
nalräte, stellen weitere Bündnispartner dar. Einrichtungen der beruflichen

Aus- und Weiterbildung, andere Landesministerien, Hochschulen, Technologietransferstellen sowie Netzwerk- und Clustermanager der Regionen dagegen spielen eine deutlich geringere Rolle.

Abweichungen von diesem generellen Bild zeigen sich teilweise zwischen den einzelnen Gewerkschaften (Abbildung 12). So spielen für die regionalen Vertreterinnen und Vertreter der IG BCE die Wirtschaftsministerien der jeweiligen Länder eine deutlich zentralere Rolle. Eine der Ursachen dürfte, neben dem organisatorisch stärker ausgeprägten Zentralisierungsgrad, in sachlich bedingten Gründen zu suchen sein. Sowohl die die IG BCE Bezirke besonders betreffenden Fragen der Energiewende als auch Fragen, die etwa im Zusammenhang mit der Entwicklung von Chemieparks stehen, sind häufig großprojektförmig organisiert oder aber sind thematisch von landesweiter Relevanz.

Auch die Bedeutung der Mitgliedergewerkschaften als Netzwerkpartner ist naturgemäß für den DGB stärker ausgeprägt. Sie spielt zudem für die befragten IG BCE Vertreterinnen und Vertreter eine wichtigere Rolle, als dies aus den Angaben der befragten IG Metall Verwaltungsstellen zu entnehmen ist.

Abbildung 12: Bedeutung Kooperationspartner für industriepolitische Aktivitäten nach Gewerkschaften - Skalenmittelwerte -

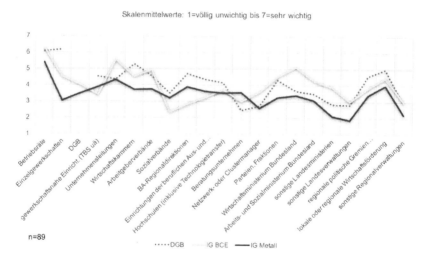

Quelle: eigene Erhebungen

Geht man auf die Ebene der zentralen Projekte, die in den Regionen in den letzten Jahren nach der Finanzkrise eine besonders wichtige Rolle gespielt haben, so zeigt sich, legt man die von den Befragten benannten Themen zugrunde, ein deutlich differenzierteres Bild der industriepolitischen Themenstellungen und Aktivitäten vor Ort (Abbildung13).

Abbildung 13: Inhaltliche Schwerpunktausrichtung der wichtigsten industriepoliti-schen Aktivität vor Ort

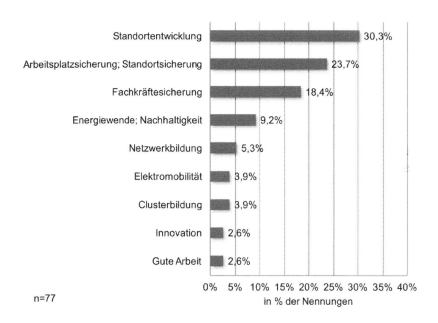

n=77

Quelle: eigene Erhebungen

Demnach haben sich die gewerkschaftlichen Vertreterinnen und Vertreter vor Ort in mehr als der Hälfte der von ihnen genannten Projekte mit Fragestellungen beschäftigt, die sich im weitesten Sinne als standortbezogene Maßnahmen charakterisieren lassen. Dies betrifft sowohl aktive Initiativen zur weiteren Entwicklung und Ausbau der Regionen als Industriestandorte (30,3%) als auch solche, die zur Bestandserhaltung im Sinne der Arbeitsplatz- und Standortsicherung einzelner Betriebe und Branchen gerechnet werden müssen (23,7%). Standortentwicklung im Sinne einer umfassenden regionalen Strategie findet sich in verschiedenen industriepolitischen „Masterplänen" wie in Berlin, Hamburg oder in den norddeutschen Küstenregionen oder aber in kleinteiligeren, stärker sektoral bezogenen Initiativen wie beispielsweise in Cottbus. Beispiele für standort- und arbeitsplatzsichernde Aktivitäten finden sich beispielsweise im Zusammenhang mit Problemen

der Energiewende aus sehr unterschiedlichen Perspektiven in Duisburg o-
der in Halle/Magdeburg[6].

Einen weiteren wichtigen Bereich schließlich stellen Fragen der Fachkräftesicherung dar. Dabei dürften sowohl regional und sektoral sehr unterschiedliche Auswirkungen der demografischen Entwicklung eine Rolle
spielen als auch Fachkräfteprobleme in Regionen mit hoher Arbeitskraft-
nachfrage, wie etwa in einigen Teilen der süddeutschen Bundesländer. Die
Bildung und Teilhabe an regionalen einschlägigen Netzwerken sowie Fragen der Energiewende stellen weitere Themen und Motive für die Beteiligung und Initiierung industriepolitischer Aktivitäten in den Regionen dar.
Technologie- und innovationsbezogene Themen sowie Aspekte guter Arbeit werden genannt, spielen aber eine deutlich geringere Rolle.

*Abbildung 14: Inhaltliche Schwerpunktausrichtung der wichtigsten industriepoliti-
schen Aktivität vor Ort nach regionaler Industriedichte (vier häufigsten Nennungen)*

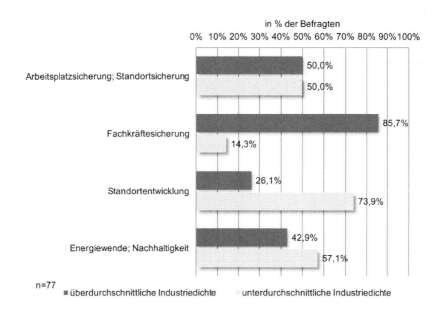

Quelle: eigene Erhebungen

Ein etwas differenzierteres Bild ergibt sich, wenn man unterschiedliche
wirtschaftsstrukturelle Voraussetzungen der Regionen in die Betrachtung

---

6   Vgl. hierzu ausführlicher Kapitel 5.

einbezieht (Abbildung 14). Die Problematik der Fachkräftesicherung besitzt demnach in Regionen mit hoher Industriedichte einen deutlich höheren Stellenwert. Ursächlich hierfür dürften sicherlich die Konkurrenzsituationen von Betrieben auf örtlichen Fachkräftearbeitsmärkten sein. Aktivitäten zur regionalen Standortentwicklung wurden dagegen von gewerkschaftlichen Vertretern und Vertreterinnen in Regionen mit geringerer Industriedichte deutlich häufiger benannt.

Gewerkschaftliche Interessen zur Entwicklung industrieller Standorte und einer Verbreiterung der Mitgliederbasis dürften hier Hand in Hand gehen und Anstoß für derartige Aktivitäten gegeben haben. Letztendlich kann auch dies als Spiegelbild zu Fachkräfteproblematik in den industriell stärker geprägten Regionen angesehen werden. In Regionen mit geringerer Dichte spielt die Fachkräfteproblematik offensichtlich eine deutlich geringere Rolle, da regionale fachliche Arbeitsmärkte aus Sicht der Betriebe weniger von Konkurrenz geprägt sind. Nicht Knappheit der Arbeitskraft bzw. des Arbeitskräfteangebots scheint hier für Gewerkschaften handlungsleitend zu sein, sondern die Generierung und Stimulierung von Nachfrage nach einschlägig qualifizierten Arbeitskräften über standortentwickelnde Maßnahmen zu unterstützen.

5 Worum geht es in der Region? – Handlungsfelder zwischen Alltagsgeschäft und Zukunftsgestaltung

Die schriftliche Befragung hat einen Überblick der regionalen industriepolitischen Aktivitäten gegeben, sagt aber wenig darüber, wie regionale industriepolitische Initiativen in der Praxis konkret aussehen. Von daher wurden die Ergebnisse der schriftlichen Befragung durch 16 Fallstudien in DGB-Regionen, IG BCE Bezirken und IG Metall-Verwaltungsstellen vertieft (siehe Übersicht 3). Die Grundeinheit für die auszuwählenden Fallstudien ergab sich aus den in Kapitel 2.3. dargestellten Gesprächen auf der Landesebene und den Angaben in den auswertbaren Antworten auf die schriftliche Befragung.

In einer ersten Annäherung wurde der Rahmen für regionale Initiativen wie folgt abgegrenzt:

- Es geht um Initiativen, die nicht in erster Linie auf einzelbetriebliche Politik ausgerichtet sind,
- es geht um Initiativen, die durch zivilgesellschaftliche Akteure von unten angestoßen wurden bzw. von diesen entscheidend getragen werden,
- und es geht um Initiativen, die sich an Problemlagen und Arbeits- und Wirtschaftsräumen und nicht an administrativen Grenzen orientieren.

Aufgrund der Auswertung der Fragebögen wurde deutlich, dass die einzelnen Initiativen nicht isoliert zu sehen sind, sondern die Vorgeschichte und der institutionelle Kontext immer mit einzubeziehen sind. Von daher ging es auch nicht nur allein um die herausragenden Initiativen, sondern die alltäglichen Aktivitäten sollten ebenso einbezogen werden wie die Frage eines Scheiterns.

Für die Auswahl der Fallstudien wurden in Absprache mit dem Beirat folgende Kriterien zugrunde gelegt:

- regionale Streuung,
- unterschiedliche Beteiligung von Gewerkschaften,
- thematische Streuung,
- unterschiedliche institutionelle Aspekte,
- inner- und zwischengewerkschaftliche Zusammenarbeit.

Die Gespräche fanden überwiegend im Sommer/Herbst 2013 statt. Nach dieser Zeit erfolgende Veränderungen wurden dort einbezogen, wo sich für unsere Thematik relevante Änderungen vollzogen haben[7]. Da die Themen der Fallstudien bewusst breit gestreut gewählt wurden, beschränkte sich der Kern der Expertengespräche als Grundlage der Fallstudien auf folgende Aspekte:

- Art der Aktivität (Entwicklungskonzept/Programm, Projekt, Arbeitskreis usw.),
- Impulse/Anlass (betriebliches oder regionales Problem, Anforderung seitens der Strukturpolitik, Eigeninitiative usw.),
- Vorgeschichte, institutioneller Kontext,
- Akteursstruktur (Netzwerk und Beteiligte, Rolle der Gewerkschaften),
- Thematischer Schwerpunkt/inhaltliche Stoßrichtung (auf die regionalen Potenziale bezogen, Stärken stärken, Kompensation von Schwächen, Diversifizieren, „Modethemen" usw.),
- Finanzierung (Eigenmittel, Mittel von Unternehmen, strukturpolitische Mittel usw.),
- Einschätzung der Wirkungen bzw. des Erfolgs, inklusive Auswirkungen auf die langfristige gewerkschaftliche Tätigkeit in der Region.

Um einen ersten Eindruck zu gewinnen, lassen sich folgende Verteilungsmerkmale der Fallstudien festhalten (Übersicht 3):

- zehn Fallstudien fanden in überwiegend wachsenden Regionen statt, sechs in überwiegend schrumpfenden Regionen;
- drei Fallstudien waren in den neuen Bundesländern bzw. Berlin verortet, dreizehn in den alten Bundesländern;
- fünf Fallstudien fanden in hoch verdichteten Räumen (Agglomerationen) statt, sieben der Fallstudien in Räumen mit mittlerer Verdichtung

---

7   Ergänzt wurden die Expertengespräche durch die aktive Teilnahme an diversen Arbeitssitzungen und Workshops. Hierbei handelte es sich um drei Treffen des Arbeitskreises regionale Industriepolitik bei der IG Metall zwischen Februar 2012 und Dezember 2013, um eine Projektvorstellung im Rahmen des Koordinierungskreises Strukturpolitik beim DGB im März 2012, um eine Vorstellung der Projektergebnisse im Rahmen der Jahrestagung des DGB NRW im Januar 2014. Weiterhin wurden Ergebnisse im Rahmen der achten Tagung über regionale Innovationspolitik im Oktober 2013 in San Sebastian, im Rahmen eines Workshops zur innovationsorientierten Innovationspolitik im ISI in Karlsruhe im Mai 2013 und im Rahmen eines Treffens der Gesellschaft für Strukturpolitik im Juni vorgestellt und diskutiert. Im Oktober 2013 fand ein Workshop im Institut für Arbeit und Technik in Gelsenkirchen statt, in dessen Rahmen die Ergebnisse des Projekts mit Vertretern aus Wissenschaft und Praxis rückgekoppelt wurden. Der Entwurf des Endberichts wurde im April 2016 im Rahmen des Arbeitskreises Strukturpolitik des DGB diskutiert.

bzw. im Umfeld der Agglomeration, vier der Fallstudien waren in wenig verdichteten Regionen verortet;

Übersicht 3: Regionen und industriepolitische Projekte in den Fallstudien

Region	Themen/Projekte	Arbeitsmarkt- und Beschäftigtenentwicklung in den jewels relevanten Landkreisen und Städten (2006-2011)
DGB Region Berlin	Industriestandort Berlin, Steuerungskreis Industriepolitik beim Senat	wachsend
DGB Region Dortmund-Hellweg	Dortmund Projekt, Masterplan Energie, Nachhaltigkeit von Netzwerken	überwiegend schrumpfend
DGB Region Frankfurt/Main	Initiative zur Renaissance der regionalen Strukturpolitik	Überwiegend wachsend
DGB Region Trier	Industriegebiet Frau und Beruf, Kooperation in der Region	überwiegend wachsend
DGB Schleswig-Holstein Nordwest	Flurgespräche	überwiegend schrumpfend
IG BCE Bezirk Cottbus	Regionale Entwicklungsstrategie, überregionale Zusammenarbeit	überwiegend schrumpfend
IG BCE Bezirk Duisburg	Energiewende, Standortpolitik	überwiegend wachsend
IG BCE Bezirk Halle-Magdeburg	Branchendialog Solar	überwiegend schrumpfend
IG BCE Bezirk Hamburg-Harburg	Chem Coast, Modellprojekt Wind-Wasserstoff	überwiegend wachsend

IG BCE Bezirk Ulm	Betriebsrätenetzwerk Pharmaindustrie	überwiegend wachsend
IGM Vwst. Alfeld-Hameln-Hildesheim	Fachkräfte, Regio-Entwicklungskonzepte, Schaufensterprojekt Metropolregion	überwiegend schrumpfend
IGM Vwst. Bremerhaven	Standortsicherung, Cluster Windenergie, Einbindung in „Industriepolitik Nord"	überwiegend schrumpfend
IGM Vwst. Erlangen	Metropolregion, Lehrstuhl/Studiengang „Projektmanagement im Anlagenbau"	überwiegend wachsend
IGM Vwst. Esslingen	Regionale Zusammenarbeit, Maschinenbauinitiative, Brennstoffzelle, Qualifizierung	überwiegend wachsend
IGM Vwst. Schweinfurt	Modellstadt Elektromobilität	überwiegend wachsend
IGM Vwst. Wolfsburg	Wolfsburg AG, Allianz für die Region	überwiegend wachsend

- in sieben Fällen standen konkrete Projekte im Mittelpunkt, in vier Fällen umfassende regionale industriepolitische Strategien, in fünf Fällen die Breite der alltäglichen Aufgaben;
- in fünf Fällen handelte es sich um ein breites Spektrum von Aktivitäten, wobei, wo angebracht, auch auf spezifischen Strategien und Instrumente eingegangen wurde;
- bei jeweils ein Drittel der Fallstudien waren DGB, IG Metall und IB BCE zentraler Ansprechpartner, auch wenn in der Praxis sehr häufig eine Zusammenarbeit bzw. Arbeitsteilung zwischen den Gewerkschaften vor Ort zu beobachten war;
- in fast allen Fallstudien ergaben sich Hinweise auf die Schwierigkeiten bei der Umsetzung, in mehreren Fallstudien wurden auch explizit gescheiterte Projekte angesprochen.

Die folgende Darstellung orientiert sich an der strategischen Ausrichtung der Aktivitäten. Ihr Ziel ist, die Breite der industriepolitischen Initiativen in den Regionen darzustellen. Die Bündelung ergibt sich aus der Logik der Aussagen in den Fallstudien, nicht aus einer theoretisch vorgegebenen Kategorisierung. Dies entsprach dem Ansatz der Untersuchung, neue industriepolitische Aktivitäten von den Akteuren her definieren zu lassen.

Der Bündelung liegen folgende Überlegungen zugrunde. In der ersten thematischen Gruppe geht es um die alltäglichen industriepolitischen Aktivitäten, um die Sicherung einzelner betrieblicher Standorte und um mit Beschäftigung und Qualifizierung zusammenhängende Aktivitäten. Dies erfolgt vor allem in den Arbeitskreisen und offiziellen Gremien vor Ort, wird - da selten spektakulär - oft unterschätzt. Die zweite thematische Gruppe umfasst Projekte mit einer strategischen Perspektive, insbesondere auf umfassende industriepolitische Konzepte. Diese Konzepte werden in der Regel aus dem Zusammenspiel von Sozialpartnern und regionalen wirtschaftspolitischen Akteuren vorangetrieben und bilden einen organisatorischen und strategischen industriepolitischen Rahmen. Die dritte thematische Gruppe fasst die Aktivitäten zusammen, die auf eine regionale Innovationspolitik abzielen. Hier bilden oft betriebliche Krisensituationen den Ausgangspunkt, die vorangetrieben von den Gewerkschaften zu einer Weiterentwicklung des regionalen Innovationssystems führen. Das vierte thematische Handlungsfeld weist über einzelne innovationspolitische Impulse hinaus und zielt auf die Gestaltung betrieblicher und regionaler Strukturen ab, enthält damit Ansatzpunkte auf dem Weg zu der eingangs dargestellten transformativen Industriepolitik auf regionaler Ebene.

5.1 Das tägliche Brot: Standortsicherung, Beschäftigung und Fachkräftesicherung

Legt man zunächst die in Kapitel 4 dargestellte schriftliche Befragung zugrunde, so lässt sich eine starke Varianz bei der Frage nach der Anzahl der seit 2008 in den Regionen durchgeführten industriepolitischen Initiativen beobachten. Diese Unterschiede lassen nicht unbedingt auf ein unterschiedliches Aktivitätsniveau schließen, sondern sind Ausdruck der spezifischen Problemlage vor Ort bzw. eines unterschiedlichen Verständnisses von Industriepolitik. Auf der einen Seite manifestiert sich Industriepolitik in alltäglichen unspektakulären Auseinandersetzungen und Veranstaltungen, auf der anderen Seite wird bei Industriepolitik eher an umfassende regionale industriepolitische Strategien oder herausragende Projekte gedacht.

So wurde in dem Gespräch zu einer Fallstudie darauf verwiesen, dass Industrie heute nicht mehr Industrie im Sinne der klassischen Großindustrie sei, sondern eher der statistische Teil des produzierenden Gewerbes. Dieser Anteil liege mittlerweile unter 15 Prozent der Beschäftigten. In den vorhergehenden Jahren ging es vor allem darum, den Übergang zu organisieren, heute habe man eine völlig veränderte Gemengelage. Es ginge nicht mehr allein darum, Arbeitsplätze zu erhalten oder zu schaffen, sondern auch um die Sicherung der Qualität von Arbeit. Industrielle Kerne seien zudem, so auch die Meinung in anderen Fallstudien, immer im Zusammenhang mit vor- und nachgelagerten Dienstleistungen, wie etwa der Logistik, zu sehen. Nicht mehr die einzelne Branche, sondern Wertschöpfungsketten seien der handlungsleitende Ansatzpunkt. Standortsicherung als industriepolitische Strategie bezieht sich dann nicht mehr auf große Projekte, sondern wird dann zum täglichen Brot.

Im Gegensatz zur weiter unten thematisierten umfassenden Standortentwicklung verstehen wir hier unter Standortsicherung Aktivitäten, die darauf abzielen, die Rahmenbedingungen für die industrielle Entwicklung – oft vor dem Hintergrund aktueller oder antizipierter einzelbetrieblicher Probleme oder spezifischer Branchenprobleme – zu sichern. Das Spektrum der unter diesem Handlungsfeld stattfindenden Aktivitäten ist breit.

In fast allen Regionen finden sich Konflikte zwischen Standorterweiterung einzelner Betriebe, kommunaler Planung und Umweltregulierungen. Beispielhaft sollen hier die wichtigsten Themen der vergangenen Jahre aus der DGB Region Dortmund genannt werden:

- Flächennutzungskonflikte, immer wieder bezogen auf die Sicherung oder Entwicklung von Gewerbe- und Industrieflächen, die immer wieder auch einen Diskurs mit den Bürgerinitiativen erfordern,
- Luftreinhalteplan, in dem es darum ging, besondere Regeln für industrielle Kerngebiete zu erarbeiten,
- die Zementindustrie in Erwitte, für die spezifische Regelungen in der Regionalplanung gefunden werden mussten,
- sozialer Dialog zum Wasserentnahmegeld (vor allem mit IG Bauen-Agrar-Umwelt), in dem mit Umweltverbänden eine Lösung gefunden wurde, die dann aber vom Umweltministerium ("Wir brauchen das Geld") abgelehnt wurde.

Allerdings geht der Aspekt der Standortsicherung immer wieder über einzelbetriebliche Aspekte hinaus. Aus unseren Fallstudien lassen sich als erster Themenkomplex zunächst drei Handlungsfelder herausarbeiten.

Erstens geht es konkret darum Expansionsflächen für die Industrie zu sichern. Diese Problematik hat deshalb an Bedeutung gewonnen, weil angesichts der Klimadiskussion einerseits (Begrenzung der Versiegelung von Flächen) und wachsender Nutzungsansprüche andererseits (Dienstleistungsstandorte, Freizeitflächen, Wohnraum, öffentliche urbane Räume usw.) Boden, vor allem in den hoch verdichteten Räumen, zu einer knappen Ressource geworden ist.

So wurde in Frankfurt nach jahrelanger Diskussion die Sicherung des Osthafens als Industriefläche bis 2050 festgeschrieben, wobei IG Metall und DGB zusammen mit ihren Netzwerkpartnern die Treiber waren. Die Diskussion zog sich über mehrere Jahre hin. Bereits 1996 war in den Forderungen und Empfehlungen des DGB an die Kommunalpolitik gefordert worden: „Der DGB ist der Ansicht, dass die Hafen- und Gewerbefunktion des Gebietes (Osthafen) im Wesentlichen erhalten bleiben und schnellstens ausgebaut werden soll. Wohnungsbebauung sollte nur insoweit erfolgen, wie er aus Gründen der Finanzierung für das Gesamtprojekt notwendig ist. Im Hinblick auf die, auch aus ökologischen Gründen erwünschte, Weiterentwicklung der Hafenfunktion ist allerdings eine Abstimmung mit allen Hafenstandorten unterhalb und bis zu 50 Kilometern oberhalb Frankfurts erforderlich. Wichtig ist, dass nach jahrelangem Tauziehen endlich Planungssicherheit für die Unternehmen und denkbare Investoren hergestellt wird" (15f.). Tatsächlich wurde bereits 1997 ein Hafenkonzept verabschiedet, das den Betrieben Planungssicherheit bis 2020 gab. Angesichts der dynamischen Entwicklung Frankfurts lebte die Diskussion um den Osthafen aber in den folgenden Jahren wieder auf. 2013 beschloss der Magistrat der Stadt dann ungeachtet der Ambitionen der Immobilienwirtschaft, den Osthafen nicht zu verkleinern und nicht für den Wohnungsbau zu öffnen. Als Konsequenz konnten die städtischen Hafenbetriebe Mietverträge mit den Anliegern bis 2050 verlängern (FAZ Rhein-Main vom 01.11.2013).

Wichtig war hierbei auch, dass in Frankfurt ein handlungsfähiger industriepolitischer Rahmen vorhanden ist. Zentrales Forum ist die bereits Mitte der 1990er Jahre eingerichtete und beim Oberbürgermeister angesiedelte Ständige Wirtschafts- und Arbeitsmarktkonferenz (SWAK), die immer wieder industriepolitische Themen aufgegriffen hat. Zu nennen sind die gemeinsame industriepolitische Erklärung von 2011 und der im folgenden Abschnitt dargestellte Fahrplan auf dem Weg zum „Masterplan Industrie".

Zweitens geht es um eine über die Flächen hinausgehende Sicherung des Standortes. Beispielhaft hierfür sind die Aktivitäten der IG Metall in Südostniedersachsen. Auch hier sind die aktuellen Aktivitäten ohne die Vorgeschichte nicht zu verstehen. Regionale Industriepolitik in Südostniedersachsen geht auf die 1980er Jahre zurück, wobei die zentralen Impulse von einer von der Hans-Böckler-Stiftung geförderten Studie ausgingen (vgl. Lompe u.a. 1991).

Den Hintergrund der industriepolitischen Debatte in diesen Jahren und der sich daraus ergebenden Aktivitäten bildete eine Diskussion um die wirtschaftliche Zukunft der Region. Im Mittelpunkt stand die Frage einer Neuausrichtung der Region in Richtung Mikroelektronik („Oker-Valley") oder die Weiterentwicklung der vorhandenen Kompetenzen in der Automobilproduktion zu einer umfassenden Verkehrskompetenz.

Als erste Konsequenz dieser Diskussion wurde Anfang 1994 die Regionale Entwicklungsagentur „reson" gegründet, an der sich unterstützt durch Landesmittel die Kommunen, der VW Konzern und die damals vier regionalen IG Metall Verwaltungsstellen finanziell beteiligten. Neben konzeptionellen und technischen Fragen zur Entwicklung der Verkehrskompetenz bestand das gerade auch von den Gewerkschaften vorangetriebene Ziel von Anfang an darin, die Kommunen zu einer gesellschafts- und industriepolitischen Zusammenarbeit zu bringen (vgl. Lompe u.a. 1996 sowie die Beiträge in Algermissen Hrsg. 2013). Die regionale Zusammenarbeit hat in den folgenden Jahren unterschiedliche Formen angenommen, die wichtigsten sind:

• Auf Basis eines Gutachtens von McKinsey wurde 1999 die Wolfsburg AG als Clusterprojekt gegründet. Hierbei ging es darum, den Strukturwandel in der Stadt Wolfsburg voranzutreiben, wobei Leitprojekte wie die Autostadt, der Aufbau einer Gesundheitswirtschaft, aber etwa auch das Technikmuseum „phaeno" eine herausragende Rolle spielten. Die IG Metall ist mit drei Sitzen im Aufsichtsrat vertreten.

• 2005 wurde das Projekt „Region Braunschweig gmbH" gegründet, das auf den Ausbau von Kompetenznetzwerken abzielte, die IG Metall war eine der Gesellschafterinnen.

• Parallel dazu wurde reson als Trägerin dieses Projekts in die „Projekt Region Braunschweig GmbH" überführt.

• 2013 fusionierten das Wolfsburger und das Braunschweiger Projekt zu der „Allianz für die Region", hieran ist die IG Metall mit 8 Prozent beteiligt. Entsprechend wurde die ehemalige reson nun in „Allianz für die Region gmbH" umfirmiert.

Die zentralen Handlungsfelder der Allianz für die Region sind:

• Bildung,
• Gesundheit,
• Energie,

- Freizeit,
- Automobilwirtschaft & -forschung/Verkehr und
- Wirtschaftsförderung und Ansiedlung,

wobei für die IG Metall nach eigenen Aussagen die Frage von Urbanität und Wohnraum im Mittelpunkt stehen. Von daher ist es konsequent, wenn die Zusammenarbeit der regionalen IG Metall Verwaltungsstellen (siehe Kapitel 6) unter dem Motto „Für Arbeit und Lebensqualität" steht. Dahinter steht die Überlegung, dass die „Mitgestaltung von Ansätzen wie dem „Projekt Region Braunschweig" bedeutet, den Begriff der Mitbestimmung zu erweitern: „Denn in solchen Projekten werden Arbeits- und Lebensbedingungen aktiv mitgestaltet" (Räschke 2013: 39).

Diese Schwerpunktsetzung ist nicht unbedingt charakteristisch für derartige von den Gewerkschaften vorangetriebene Initiativen, sondern lässt sich nur aus dem Zusammenspiel bzw. der Arbeitsteilung zwischen dem Betriebsrat (Volkswagen) und den IG Metall Verwaltungsstellen erklären. Daneben gibt es aber auch generelle Aspekte, die sich bei derartigen langfristigen industriepolitischen Aktivitäten zeigen:

- Es ist ein stabiler, wenn auch in der Form wechselnder institutioneller Rahmen vorhanden, an den die Gewerkschaften anerkannt und aktiv beteiligt sind, oder mit den Worten eines der Treiber: „Regionale Industrie- und Strukturpolitik ist ein Langläuferthema, das eher in 20 als in 10 Jahren wirksam wird." (Erhardt 2011: 4);
- dieser Rahmen erleichtert es erheblich, spezifische Probleme zu thematisieren oder Projekte anzustoßen, was sich insbesondere in gemeinsamen Strategien zum kurzfristigen Umgang mit der Krise 2008 zeigte (s.u.);
- wenn möglich erfolgt ein Zugriff auf externe Expertise; in Südostniedersachsen war es die oben genannte Studie und die Zusammenarbeit mit der Kooperationsstelle der Technischen Universität Braunschweig, in Frankfurt hat der jetzige erste Bevollmächtigte der IG Metall Frankfurt vor dieser Tätigkeit in einem Beratungsbüro gearbeitet und in diesem Kontext eine Studie über die Region erarbeitet (Erhardt u.a. 2007);
- die Gewerkschaften sind treibende Kraft, wenn es darum geht, über die kommunalpolitischen Grenzen hinaus zu denken und eine regionale Zusammenarbeit anzustoßen und sich in den entsprechenden Gremien einzubringen;
- Industriepolitik ist direkt oder indirekt immer auch in einen breiteren Kontext lokaler oder regionaler Entwicklung eingebettet.

Drittens geht es um Initiativen, die darauf abzielen, die Akzeptanz der Industrie zu erhöhen. So hat der IG BCE Bezirk Recklinghausen eine Kampagne „Unsere Industrie braucht sichere Energie" durchgeführt. Den Hintergrund für diese Kampagne bildeten langjährige, zum Teil bis heute anhaltende Konflikte über die Erweiterung der regionalen Chemieparks und um die Inbetriebnahme eines Kraftwerks. Hierzu heißt es in der entsprechenden Broschüre: „...In der öffentlichen Meinung werden industrielle Projekte (z. B. Kraftwerksbau, Ausbau und Erweiterung Chemiepark) kritisch betrachtet. Ökonomische und strukturelle Zusammenhänge werden oft nicht beachtet und z. B. von den Medien vereinfacht dargestellt. Mit der Kampagne soll die Auseinandersetzung in industriepolitischen Fragen erreicht werden. Arbeitnehmerinnen und Arbeitnehmer sowie Bürgerinnen und Bürger in betroffenen Betrieben und Regionen sollen für das Thema sensibilisiert werden..." (http://recklinghausen.igbce.de/kampagnen/ industriekampagne).

Derartige Kampagnen sollen allerdings nicht allein nach Außen wirken, sie werden wie im Fall Recklinghausen etwa auch im Rahmen von Betriebsrätekonferenzen umgesetzt.

Ebenfalls bezogen auf die Akzeptanz von Industrie ist die 2010 gegründete Initiative „Zukunft durch Industrie e.V. Regionale Allianz für Industrie & Nachhaltigkeit" (http://www.zukunft-durch-industrie.de/). An dieser Initiative sind neben den Kammern, politischen Akteuren und Unternehmen bzw. Unternehmensverbänden die landesweiten Organisationen von IG Metall, IG BSC und der DGB beteiligt. Der IG BCE Landesbezirk Nordrhein war eine der treibenden Kräfte bei der Entstehung dieser Initiative, die in lokalen Düsseldorfer Gesprächsrunden wurzelt. Parallel dazu findet im Landesbezirk ein industriepolitischer Dialog (Betriebsräte, Wissenschaft, Politik, Personalverantwortliche aus den Unternehmen) statt, der dem Austausch zwischen den genannten Akteuren gilt. Diese Allianz ist zwar auf der Landesebe angesiedelt, weist aber mittlerweile auch eine größere Zahl regionaler Allianzen auf. Im Rahmen der Allianz für Industrie und Nachhaltigkeit findet in einzelnen Regionen NRWs etwa auch die seit einigen Jahren in verschiedenen Regionen Deutschlands organisierte „Lange Nacht der Industrie" statt, ein Konzept, das erstmals 2008 in Hamburg durchgeführt wurde (http://www.langenachtder industrie.de).

Die Aktivitäten im Rahmen der Standortsicherung finden in der Regel in Netzwerken mit Kammern, Politik und Arbeitgebern statt. Im Fall von Konflikten mit Bürgerinitiativen oder Umweltverbänden versuchen Gewerkschaftsvertreter immer wieder, eine moderierende Rolle einzunehmen. Diese moderierende Rolle ist aber auch dann gefragt, wenn es um Konflikte geht, die aus den unterschiedlichen Funktionen der gewerkschaftlichen Akteure resultieren. So wurde etwa das Beispiel eines Parkraumkonzepts genannt, dass aus Gründen der Stadtentwicklung notwendig und sinnvoll war, aus Sicht der Beschäftigten bzw. der Betriebsräte aber auch dazu führte, dass Parkraum verknappt und verteuert wurde.

Adressat der aktiven Themensetzungen sind in der Regel die lokale und regionale Öffentlichkeit und die Politik, hier vor allem auch die Landespolitik. Aufgrund der spezifischen Konsequenzen der Energiewende und des schwierigen öffentlichen Images findet sich hier häufig die IG BCE als treibende Kraft, wobei in den Allianzen oder Netzwerken dann durchaus auch andere Gewerkschaften beteiligt sein können. Die Motive dabei können, den regionalen Problemlagen entsprechend, durchaus unterschiedlich sein. So standen in Duisburg die mit der Energiewende zusammenhängenden Probleme „alter Betriebe" im Vordergrund der Aktivitäten.

Duisburg verfügt nach wie vor über eine Reihe wichtiger energieintensiver Betriebe aus der chemischen Industrie, der Aluminiumindustrie, sowie der Glas- und Papierindustrie, die in hohem Maße von mit der Energiewende zusammenhängenden Kostenproblemen und Fragen der energetischen Versorgungssicherheit betroffen sind. Die überbetriebliche Diskussion dieser Probleme wird von der IG BCE vor Ort im Rahmen von Energiekonferenzen (Betriebsräte und Bezirksfunktionäre) gebündelt und mit der Landespolitik diskutiert. Gleichzeitig führen die durch die Energiewende verursachten kostenbedingten Standortprobleme zur wachsenden Konkurrenz zwischen regionalen und ausländischen Konzernstandorten. Vor diesem Hintergrund, so der IG BCE-Gesprächspartner, „...haben industriepolitische Aktivitäten im Bezirk in den letzten Jahren viel mit Feuerwehrarbeit zu tun gehabt".

Auch in Halle/Magdeburg waren mit der Solarindustrie betriebliche Krisen wesentlicher Auslöser für industriepolitische Aktivitäten in der Region. Im Fokus standen hier allerdings nicht die Probleme „alter energieintensiver" Industrien, sondern solche der vermeintlichen Gewinner der Energiewende. Betrieblich orientierte „Feuerwehrarbeit" war auch hier Gegenstand der täglichen gewerkschaftlichen Arbeit, ergänzend konnten hier aber auch in Zusammenarbeit mit weiteren Akteuren erste Ansätze zur Weiterentwicklung, Sicherung und Neuausrichtung des Solarstandortes entwickelt werden (vgl. hierzu auch ausführlicher die Ausführungen in Kapitel 5.3).

Ein weiterer hier zu diskutierender Themenkomplex betrifft das für die Gewerkschaften zentrale Thema Arbeit und hier lässt sich der Einfluss der Wirtschaftskrise deutlich erkennen. Bereits in der Darstellung der Gespräche auf der Landesebene wurde erkennbar, dass die Sicherung der Beschäftigten eines der zentralen Themen im Umgang mit der Krise war und, dass einzelne Gesprächspartner hierin sogar einen Paradigmenwechsel in der Beschäftigungspolitik gesehen haben. Dies zeigt sich auch auf der regionalen Ebene. Exemplarisch sei hier auf die „Gemeinsame Erklärung der Ständigen Wirtschafts- und Arbeitsmarktkonferenz (SWAK) der Stadt Frankfurt am Main vom 25.09.2009" verwiesen, die von dem Gedanken getragen war, die Sicherung von Beschäftigten und Kompetenzen als gemeinsames Handlungsziel zu definieren. Konkret wurden dann in dieser Erklärung folgende Themenfelder weiter ausgeführt:

- Stammbelegschaften möglichst halten,
- Ausbildung sichern,
- Weiterbildung auch in Krisenzeiten,
- Intensivierung der Finanzierungsberatung und Krisenbetreuung,
- Unterstützung der regionalen Wirtschaft durch die Stadt Frankfurt am Main.

Auch wenn diese auf die Überwindung (oder Überbrückung) der Krise abzielenden Aktivitäten im Rückblick eher kurzfristig waren, bleiben zwei zentrale Themen auf der alltäglichen regionalen gewerkschaftlichen Agenda, das Fachkräftethema und die Auseinandersetzung um Gute Arbeit.

Das Thema Fachkräfteknappheit wird in einer Vielzahl von Regionen thematisiert, aber selten von den Gewerkschaften getrieben. Dies liegt nicht nur daran, dass innerhalb der Gewerkschaften keine einheitliche Position zu diesem Thema vorhanden ist, da sich die Ausgangslage regional und sektoral sehr unterschiedlich darstellt. Grundsätzlich lässt sich festhalten, dass gewerkschaftliche Aktivitäten bzw. Beiträge wesentlich stärker auf die hausgemachten Probleme der Unternehmen (unzureichende Ausbildung, ungenutztes Potenzial, niedrige Löhne und unsichere Arbeitsverhältnisse, wenig attraktive Arbeitsplätze) hinweisen, die Fachkräftediskussion also in Bezug zur Ausbildungs- und Personalpolitik der Unternehmen steht. Aus den Fallstudien sollen folgende Beispiele genannt werden:

In Dortmund wurde gemeinsam mit Kirchen, Kammern, Verbänden, Job Centern u.a. eine Initiative gegründet, um über Aufbauqualifizierung in den Unternehmen den Übergang aus der Arbeitslosigkeit in sozialversicherungspflichtige Beschäftigung zu ermöglichen. Die damit verbundenen Herausforderungen stehen durchaus nicht immer in Einklang mit den tarif- und bildungspolitischen Vorstellungen der Gewerkschaften, werden aber immer noch einem „Nichtstun" vorgezogen.

In Trier besteht ein breiter Konsens bezüglich der Problematik von Niedriglöhnen. Die Handwerkskammer etwa hat einen Aufruf herausgegeben, in dem sie die Betriebe auffordert, Tarifbindung einzugehen und Gewerkschaften zuzulassen. Frankreich und Luxemburg drängen darauf, Mindestlöhne einzuführen, da viele Pendler wegen der höheren Löhne in den Nachbarländern über die Grenze gehen (30.000 aus Trier, 80.000 aus dem Saarland). Vor diesem Hintergrund sind auch die dortigen Aktivitäten zur guten Arbeit zu sehen. Diese zielten vor allem auf Öffentlichkeit (nicht unbedingt auf bereits organisierte Beschäftigte). Die Resonanz auf diese Aktivitäten war außerordentlich positiv und fand auch die Unterstützung einzelner Unternehmen.

Die IG BCE in Cottbus hat an der Erarbeitung eines neuen Positionspapiers mitgewirkt und dort Themen gesetzt (Fachkräfte, mit tatkräftiger Unterstützung durch BASF, die das schon früh zum Thema gemacht haben). Fachkräfteprobleme sind in der Region momentan zwar noch nicht so aktuell, aber gerechnet auf die nächsten zehn Jahre wird vor allen Dingen im Chemiebereich eine Überalterung der Belegschaften zu beobachten sein. Vor diesem Hintergrund haben BASF und Vattenfall relativ früh mit verstärkter Ausbildung begonnen. Absolventen werden in der Regel auch übernommen. Zurzeit wird in den Unternehmen der Generationswechsel vorbereitet. Großunternehmen berichten dabei in der Wirtschaftsinitiative Lausitz über ihre Strategien und Maßnahmen. KMU können davon lernen.

Nicht immer ist bei derartigen Initiativen die gewerkschaftliche Beteiligung bzw. die Nachhaltigkeit gesichert.

Das Bremer Bündnis für Arbeit zielt auf Beschäftigungspools, Erstausbildung und Qualifizierung in der Arbeit. Besonders im Fokus stehen dabei die Jüngeren ohne Ausbildung. Geplant sind in Zusammenarbeit mit den örtlichen Wirtschaftskammern überbetriebliche Ausbildungen und Verbundausbildung.

In Alfeld-Hameln-Hildesheim verliert der regionale Ausbildungsverbund mittlerweile an Bedeutung, da ein großer Teil der Unternehmen „ferngesteuert" ist, ein für regionale Industriepolitik generell seit Jahren wachsendes Problem. Das Dienstleistungszentrum Rinteln/Goslar, getragen von Arbeit und Leben und dem DGB, versteht sich als soziales Unternehmen, das Arbeitnehmerüberlassung zu tarifvertraglichen Bedingungen organisiert und den Übergang aus der Arbeitslosigkeit in feste Arbeitsverhältnisse zum Ziel hat.

Gute Arbeit als weiteres Themenfeld im Bereich Beschäftigung wird zwar in fast allen Regionen als ein wichtiges Thema genannt, bildet aber nur in Ausnahmefällen das zentrale Thema der gewerkschaftlichen industriepolitischen Aktivitäten in den Regionen. Es gibt in verschiedenen Regionen Informationsveranstaltungen oder Kampagnen, auf lokaler oder regionaler Ebene wirksam werdende Maßnahmen (etwa als neue Standards in kommunalen Beschaffungsaktivitäten) haben wir in unseren Fallstudien aber nicht gefunden. Dies liegt auch daran, dass Adressaten von guter Arbeit eher die Landes-, Bundes- und EU Ebene und deren Förderprogramme sind.

In jüngster Zeit drängt ein weiteres arbeitspolitisches Themenfeld auf die regionale industriepolitische Agenda, die Diskussion um die Folgen von „Industrie 4.0" für den Umfang und die Qualität von Arbeit, ein Aspekt, auf den in Kapitel 5.4. noch eigegangen wird.

5.2   *Standortentwicklung als umfassende industriepolitische Strategie*

Kommt die Sprache auf umfassende industriepolitische Strategien, so wird der Masterplan „Industriestadt Berlin 2010-2020" und das damit verbundene industriepolitische Netzwerk genannt. Ein ähnlich umfassendes Projekt läuft an der Küste („Struktureller Wandel und nachhaltige Modernisierung – Perspektiven der Industriepolitik in Norddeutschland"). Auch in Frankfurt hat der Magistrat Ende 2015 nach Abschluss einer empirisch-analytischen Vorbereitungsphase ein derartiges Projekt beschlossen und in Hamburg sind die dortigen Gewerkschaftsvertreter an der Fortschreibung des Masterplans Industrie beteiligt. Bei einem Großteil der genannten Aktivitäten haben die Gewerkschaften eine initiative Rolle gespielt, in der Regel gemeinsam mit Vertretern der Kammern und Akteuren der Wirtschaftsförderung (Kommune oder Senat).

Auf die Vorgeschichte der Industriepolitik in Frankfurt wurde bereits oben kurz eingegangen (zum Hintergrund vgl. Erhardt 2014), so dass an dieser Stelle das Beispiel Berlin ausführlicher dargestellt werden soll.

Den Ausgangspunkt bildeten wie bei vergleichbaren Aktivitäten eine Betriebsrätekonferenz und das industriepolitische Memorandum des DGB aus dem Jahr 2005. Den Hintergrund bildete die Frage nach der wirtschaftlichen Zukunft Berlins nach dem Ende des durch die Wiedervereinigung verursachten Strukturbruchs, der Anfang der 2000er Jahre in verschiedenen Betriebsschließungen (Samsung, O&K Nachfolge, Siemens-Haushaltsgeräte) deutlich wurde. In dieser Debatte war Berlin von den meisten Akteuren als Dienstleistungsmetropole angesehen worden, das Memorandum hob dagegen die Bedeutung der industriellen Basis hervor.

Die weiteren Aktivitäten erfolgten in enger Zusammenarbeit vor allem mit den Kammern der Stadt. Diese Zusammenarbeit war auch deshalb wichtig, weil das zentrale Ziel darin bestand, nicht auf den einzelnen Betrieb zu schauen, sondern langfristig wirksame Strukturen aufzubauen. Bereits 2004 hatten die Kammern und die Unternehmensverbände eine Wachstumsinitiative „Berlin 2004-2014" gestartet, die vom DGD Bezirk unterstützt wurde. Aus dieser Initiative ist schließlich die jährliche Berliner Wirtschaftskonferenz hervorgegangen.

Seitens der Gewerkschaften waren der örtliche IG Metallvorsitzende und der ebenfalls aus der IG Metall stammende Berliner DBG Vorsitzende die treibenden Kräfte, die das Thema gemeinsam mit den Kammern beim damaligen Wirtschaftssenator eingebracht hatten. Hager beschreibt die Arbeitsteilung zwischen IGM und DGB wie folgt: „Der DGB hatte gute Kontakte zu den Parteien, zu den entsprechenden Senatorinnen und Senatoren, dem Regierenden Bürgermeister und den Wirtschaftsverbänden. In Ergänzung dazu konzentrierte sich die IG Metall darauf, den politischen Akteuren die praxisbezogenen Aspekte darzulegen." (Hager 2014: 7). Wesentliche Eckpunkte in den folgenden Jahren waren die 2006 initiierten und vom Wirtschaftssenat geförderten Innovationsnetzwerke Berliner Metall- und Elektroindustrie sowie eine industriepolitische Konferenz im Jahr 2007.

Bezugspunkt für die weiteren Aktivitäten wurde das von der Hans-Böckler-Stiftung finanzierte Projekt „Neue Wachstumschancen für Berlin" (Drescher-Bonny u.a. 2009). Im Beirat waren unter anderen die wesentlichen Akteure für die Umsetzung einer Industriepolitik in der Stadt vertreten: neben den Gewerkschaftsvertretern der Hauptgeschäftsführer der IHK, der Präsident der Handwerkskammer, der Hauptgeschäftsführer der Unternehmensverbände und der koordinierende Verantwortliche aus dem Wirtschaftssenat Berlin.

Die Studie zeigte auf, dass die Deindustrialisierung Berlins zwar zum Stillstand gekommen war, dass das Niveau der Industrie in Berlin aber deutlich unter dem Niveau in vergleichbaren europäischen Metropolen liegt. Ein Jahr nach Veröffentlichung der Studie wurde im März 2010 der Steuerungskreis Industriepolitik eingerichtet, in Juni 2010 der Masterplan Industrie verabschiedet.

Die Umsetzung des Masterplans erfolgt aber nur zögerlich. Als ein Problem wird seitens der Gewerkschaften gesehen, dass für jedes dieser Themenfelder unterschiedliche Institutionen zuständig sind, der Wirtschaftssenator aber nur für knapp 10 vH der Themen steht. Eine konsequente institutionelle Umsetzung steht daher aus. Das vom DGB geforderte Büro zur

Umsetzung gibt es bisher nicht. Die Themenfelder werden von den zuständigen Ministerien nach deren Prioritäten bearbeitet. Auch ist davon auszugehen, dass der Senat keine personellen Ressourcen hat, um die Aufgaben effektiv umzusetzen und die Projekte zu koordinieren (siehe auch Tagespiegel vom 01.01.2013).

Übersicht 4: Themen bzw. Handlungsfelder in drei industriepolitischen Masterplänen im Vergleich

	Stadt		
Handlungsfeld	*Berlin*	*Frankfurt a.M.*	*Hamburg*
Infrastruktur	Rahmenbedingungen verbessern	Gewerbeflächen und Infrastruktur	„Flächen für die Industrie"
Innovation	Innovation stärken	Wissenschaft und Forschung	„Industrie und Umwelt"; „Energie für die Indstrie"
Nachhaltigkeit	(Energie)	(Energie)	„Industrie und Umwelt"; „Energie für die Industrie"
Arbeit	Fachkräfte sichern	Arbeit und Qualifizierung	„Fachkräfte für die Industrie"
Akzeptanz/Marketing	Marketing intensivieren	Städtische Identität und Kommunikation	Akzeptanz der Voraussetzungen für die Industrie
Prozesse	(Dienstleistungsorientierung von Veraltung und Servicepartnern)	Stadtverwaltung und rechtliche Rahmenbedingungen	

Quelle: eigene Erhebungen

Ungeachtet dieser zögerlichen Umsetzung werden einzelne Maßnahmen wie die Kommunikationsstrategie, das Projekt zu Tegel und die E-Mobility-Agentur seitens der Gesprächspartner durchaus positiv eingeschätzt. Um eine neue Dynamik in die Umsetzung anzustoßen, wurde Mitte 2016 von der Hans-Böckler-Stiftung ein Projekt zum Thema "Industrie in der Stadt: Wachstumsmotor mit Zukunft" bewilligt, in dem Standortanforderungen und Handlungsansätze in zwei Berliner Schlüsselbranchen (Energietechnik sowie Pharmazie/Medizintechnik) erarbeitet werden.

Übersicht 4 stellt die Handlungsfelder der industriepolitischen Masterpläne in drei Städten gegenüber. Aufgeführt sind die in den Plänen genannten zentralen Themen bzw. Handlungsfelder. In Klammern sind die Themen aufgeführt, die in dem jeweiligen Masterplan kein zentrales Handlungsfeld bilden, aber in anderen Handlungsfeldern zu finden sind.

Die Übersicht lässt erkennen, dass die Handlungsfelder in allen drei Masterplänen sehr ähnlich sind. Innovation und Arbeit stellen klassische Kernthemen der Industriepolitik dar, die Nachhaltigkeit reflektiert die hohe Bedeutung von Ressourcenschonung und Energieeffizienz für die künftige industrielle Entwicklung. Infrastruktur thematisiert die aktuelle Diskussion um Flächennutzung ebenso wie die Verkehrsanbindung, ist teilweise auch in Zusammenhang mit dem Themenfeld Marketing und Akzeptanz der Industrie zu sehen. Prozesse beziehen sich auf ein Querschnittsthema, das vor allem eine effektive und verlässliche Kommunalpolitik adressiert.

Hinsichtlich der Konkretisierung und Schwerpunktsetzung unterscheiden sich die Masterpläne allerdings. Dies soll beispielhaft illustriert werden.

Beim Thema Innovation werden in Hamburg folgende Punkte genannt:

- die Innovations-Allianz als gemeinsame Plattform soll effiziente Strukturen erhalten,
- die Innovationsförderungsangebote in Hamburg sollen zu einem effizienten Fördersystem weiterentwickelt und finanziell ausgebaut werden,
- Die IKS als Kontaktstelle für Wirtschaft und Wissenschaft soll verstetigt werden,
- die anwendungsorientierte Forschung in Hamburg soll weiter ausgebaut werden,
- Synergiepotenziale der Hamburger Cluster sollen untersucht und mit spezifischen Maßnahmen adressiert werden und
- die Hamburger Forschungs- und Innovationsparks sollen weiterentwickelt werden.

Während in Hamburg vor allem öffentliche Akteure, zum Teil in Zusammenarbeit mit Kammern, Forschungseinrichtungen und Unternehmensverbänden adressiert werden und der Kontext industrieller Innovation im Mittelpunkt steht, werden in Berlin auch konkrete Projekte benannt:

- Wissens- und technologiebasierte Ausgründungen sollen unterstützt werden,

- das engere Zusammenspiel von Hochschulen/Forschungseinrichtungen und Unternehmen soll initiiert werden,
- Industrie 4.0 Potenziale sollen identifiziert und erschlossen werden,
- ein Kompetenznetzwerk soll errichtet werden, das vor allem kleinen und mittleren Unternehmen Know-how zur Verfügung stellt,
- Smart City Lösungen sollen angestoßen werden,
- Innovative Vergabepraktiken sollen gestärkt werden und
- mit einer Berlin Factory of things sollen neue urbane Produktionsmethoden unterstützt werden.

Die Konkretisierung und Umsetzung in Frankfurt steht noch in den Anfängen. Bezogen auf Innovation sind bisher das Marketing für den Industriestandort Frankfurt am Main nach innen und nach außen, das digitale Gewerbegebiet und das Projekt „Frankfurt Forward" als Innovationsplattform für die „Neue Industrie" aufgeführt. Bezogen auf das Thema Arbeit bzw. Beschäftigung stehen in Hamburg im Mittelpunkt:

- die langfristige Nachwuchsgewinnung (vor allem in den MINT-Fächern),
- Industrie für Frauen attraktiv machen,
- Ausbildung (duale Ausbildung, Übergangssysteme),
- Weiterbildung, berufsbegleitendes Lernen,
- Durchlässigkeit zwischen beruflicher Bildung und Studium,
- Pilotprojekte für Innovationen in Bildung (Lernortkooperationen) und der
- Zuzug von Fachkräften.

In Berlin sind es die Themen:

- Fachkräfte vor allem im MINT-Bereich sichern,
- Übergang in industrielle Berufe verbessern und
- Duale Ausbildung in Kernberufen der Berliner Industrie stärken.

In Frankfurt werden angeführt:

- eine Imagekampagne „pro Industrie" zur Stärkung der dualen Ausbildung,
- die Bereitstellung von bezahlbarem Wohnraum für Auszubildende in der Industrie sowie
- die Vernetzung der Arbeitsmarktakteure und die Vertiefung bestehender Lösungsansätze im Bereich der Beschäftigungsförderung.

Die Initiativen zu den Masterplänen in Berlin und Frankfurt weisen wesentliche Gemeinsamkeiten auf:

- eine enge und arbeitsteilige Zusammenarbeit zwischen IG Metall und DGB einerseits, den Gewerkschaften und den Kammern und Unternehmensverbänden andererseits,

- eine zentrale Impulse gebende Studie (für Frankfurt vgl. die von Wissenschaftlern der Goethe-Universität verfasste Industriestudie Frankfurt am Main 2013),
- ein langjähriger, das Wissen der Betriebsräte nutzender und durch Memoranden bzw. industriepolitische Stellungnahmen begleiteter Prozess.

In Hamburg sieht die Situation anders aus. Hier waren Gewerkschaften ursprünglich nicht beteiligt, sind aber mittlerweile bei der Fortschreibung und der damit verbundenen Neuausrichtung und Aufwertung der Fachkräftethematik (Handlungsfeld „Fachkräfte für die Industrie) als Partner einbezogen und als industriepolitischer Akteur akzeptiert worden. Neben dem Fachkräftethema ist die IG BCE zudem intensiver in Fragen der Flächennutzung involviert. Erwähnenswert ist in diesem Zusammenhang, dass in Hamburg zwischen 2012 und 2014 ebenfalls eine Studie zum Thema „Struktureller Wandel und nachhaltige Modernisierung – Perspektiven der Industriepolitik in Norddeutschland" durchgeführt wurde (Wilke u.a. 2014). Im Beirat dieser Studie waren ähnlich wie in Berlin die wichtigsten Stakeholder für eine Industriepolitik vertreten, der Rahmen war aber dadurch breiter gesteckt, dass die Küstenregionen bzw. die entsprechenden Bundesländer adressiert wurden und die enge Abstimmung zwischen diesen Akteuren auch eines der zentralen Ziele war. Gleichwohl erfolgte die Formulierung und Umsetzung des ersten Masterplans in Hamburg weitestgehend ohne direkte gewerkschaftliche Beteiligung. Zentrale Akteure waren hier zunächst der Wirtschaftssenator, die einschlägigen Fachverwaltungen und die Wirtschafts- und Unternehmensverbände der Stadt.

Umfassende industriepolitische Konzepte bzw. Masterpläne sind aber nicht auf metropolitane Regionen oder Großstädte beschränkt. An diese Stelle soll auf die Wirtschaftsinitiative Lausitz und den „Zukunftspakt Lausitz" mit Cottbus als Kern vertieft eingegangen werden.

Mit diesem von den regionalen Arbeitgeberverbänden, regionalen Großbetrieben und der IG BCE in der Region initiierten Projekt wurde bereits im Jahr 2001 begonnen. Grundlage der Initiative bildete ein gemeinsam erarbeitetes Papier, in dem die wirtschaftsstrukturellen Bedingungen analysiert und gemeinsame industrie- und regionalpolitische Zielvorstellungen formuliert wurden. Zwei Ziele standen dabei im Vordergrund der Initiative. Zum einen war sie von Beginn an darauf angelegt, zusätzliche Industriebetriebe und produktionsnahe Dienstleister in die Lausitz zu holen.

Die Initiative hatte damit von Anfang an eine starke Ansiedlungsorientierung. Im Fokus standen dabei die regionalen Kernbranchen (Energie, Braunkohlebergbau, Chemie, Kunststoff und Metall). Zum anderen war die Wirtschaftsinitiative durch die Orientierung auf die „Region Lausitz" von

Beginn an als ein regionales, administrative Grenzen überschreitendes Projekt angelegt. Vor diesem Hintergrund war ein wichtiges weiteres Ziel, die Zusammenarbeit der Kommunen in der Lausitz und der Landesregierungen (Brandenburg, Sachsen) zu stärken. Regionales Kirchturmdenken bei betrieblichen Ansiedlungen sollte überwunden und durch eine sachorientierte Ansiedlungspolitik ersetzt werden. D.h. konkret, dass etwa die Ansiedlung energieintensiver Betriebe in der Nähe der Kraftwerke (z.B. Industriegebiet Schwarze Pumpe) erfolgen sollte, Kunststoffhersteller und -verarbeiter dagegen in der Nähe des BASF Standortes Schwarzheide, da dort die entsprechenden Grundstoffe produziert wurden. In der Konsequenz sollte damit auch die Verbundwirtschaft in der Region gestärkt werden.

Seit 2009 hat sich die Wirtschaftsinitiative Lausitz als Verein organisiert. Insgesamt zählte der Verein zum Zeitpunkt der Untersuchung mehr als 70 Mitglieder (Unternehmen, IG BCE, IHK, Handwerkskammern). Als Vereinsmitglied ist die IG BCE in die strategischen Entscheidungen der Wirtschaftsinitiative eingebunden und kann darüber hinaus Themen auf die Agenda setzen. So etwa im Rahmen der aktualisierten inhaltlichen Positionierung der Initiative, bei der neben dem weiteren Ausbau des Industriestandortes Lausitz auch verstärkt Fragen der betrieblichen Fachkräftesicherung im Fokus stehen. Aus Sicht der IG BCE Cottbus ist insgesamt gesehen die Wirtschafsinitiative Lausitz mittlerweile gut und breit aufgestellt, nicht zuletzt auch deshalb, weil neben einschlägigen größeren Unternehmen viele kleine Betriebe als Mitgliedsunternehmen gewonnen werden konnten. Über den Verein ist zudem ein zusätzlicher Diskussionskanal zur Landespolitik geschaffen worden. Die IG BCE ist aufgrund ihrer Aktivitäten in der Region als industriepolitischer Akteur breit anerkannt und akzeptiert.

Als weitere industriepolitische Aktivitäten aus den Fallstudien sind auch solche zu nennen, die sich bei genauerem Hinsehen als zentraler Aspekt einer umfassenden regionalen Modernisierungsstrategie darstellen. So bildete etwa der Ausbau des Produktions- und Forschungsstandorts der Windenergie im Rahmen der maritimen Wirtschaft in Bremerhaven ein zentrales Handlungsfeld eines umfassenden Konzepts zur Neupositionierung Bremerhavens, das Tourismus, Umbau der Innenstadt Ende der 1990er Jahre, Hafenwelt und Modernisierung der Infrastruktur als weitere Schlüsselelemente aufwies. Gemeinsam ist diesen Projekten, dass sie langfristig angelegt sind, die Wurzeln reichen teilweise bis zu zehn Jahre zurück (siehe Kapitel 5.4).

In anderen Regionen haben die Gewerkschaften in Folge der Krise 2008 eigene industriepolitische Positionspapiere in die regionale Diskussion eingebracht (aus den Fallstudien seien Dortmund und Wolfsburg genannt), die

Frage nach daraus resultierenden Konsequenzen steht allerdings noch aus. Umgekehrt wurde etwa in Bremen der Masterplan Industrie Bremen vom Senat vorgelegt, ohne dass eine Beteiligung der Gewerkschaften vorgesehen war. In Hamburg öffnete sich erst bei der Fortschreibung des Masterplans mit der Fachkräfteproblematik ein Tor zur Beteiligung.

5.3 Vorreiter einer regionalen Innovationspolitik?

Die 1980er Jahre bilden, wie in Teil 4 dargestellt, den Ursprung der auf neue Produkte und Lebensqualität ausgerichteten dezentralen Innovationspolitik der Gewerkschaften, immer wieder auch mit dem Ziel, den Kommunen ein Gegenmodell gegen die neoliberale Wirtschafts- und Technologiepolitik aufzuzeigen. In den 1990er Jahren wurden immer wieder regionale Netzwerk- oder Clusterprojekte von den Gewerkschaften initiiert. Dies ist heute nur noch selten der Fall. Die in der Umfrage genannten wichtigsten Aktivitäten zielen nur in sehr wenigen Fällen auf regionale Innovationsstrategien ab. Es gibt aber immer wieder Aktivitäten, durch die einzelne Elemente des regionalen Innovationssystems und/oder Vernetzung der Unternehmen angeschoben und durchgesetzt wurden. Drei Beispiele sollen hier genannt werden.

Ein Beispiel ist die Einrichtung eines Lehrstuhls und eines Masterstudienganges an der Fakultät für Maschinenbau an der Universität Erlangen. Erlangen ist ein Schlüsselstandort von Siemens in Deutschland, dessen Schwerpunkt auf der Medizintechnik liegt. In unmittelbarer Nachbarschaft von Siemens haben sich auch weitere einschlägige Unternehmen angesiedelt. Der Auslöser für die Kampagne der Gewerkschafter vor Ort war 2006 die Diskussion um den Plan von Siemens, die Sparte „Mobilität" von Erlangen nach Berlin zu verlegen. Angesichts dieser Aussichten diskutierten die Betriebsratsmitglieder, welche Kernkompetenzen den Standort ausmachten und wie diese noch auszubauen/zu stärken seien. Die Diskussionen kamen zu dem Ergebnis, dass die funktionalen wirtschaftlichen Kernkompetenzen im internationalen Management von Großprojekten liegen, doch verglichen mit ähnlichen Regionen solche Projekte in den Unternehmen in Erlangen überdurchschnittlich häufig scheitern. Siemens war diese Problematik zwar bekannt, hatte aber zunächst durch eine europaweite Anwerbung von Spezialisten versucht, eine einzelbetriebliche Problemlösung zu erreichen.

Als Konsequenz dieser Überlegungen wurde 2009 die Initiative „Großanlagenbau in der Europäischen Metropolregion" ins Leben gerufen. Den

Auftakt bildete ein Workshop zu dem Thema, dem weitere größere Treffen und Arbeitsgespräche folgten. Entscheidend für die Umsetzung war ein runder Tisch unter Vorsitz des Oberbürgermeisters von Erlangen, an dem unter anderem die IG Metall, Vertreter von Siemens und weiteren regionalen Unternehmen, die Industrie- und Handelskammer sowie die Universität beteiligt waren.

Entscheidend war, dass Prof. Schmücker von der Universität Erlangen 2010 sich bereit erklärte, einen einschlägigen Studiengang zu konzipieren und aufzubauen und dass der Wissenschaftsrat der Friedrich-Alexander-Universität-Erlangen-Nürnberg hierzu seine Zustimmung gab. Der Studiengang wurde von Siemens mit 1,4 Mio. sowie von weiteren regionalen Maschinenbauunternehmen unterstützt (Erlanger Nachrichten vom 08.10.2012). Die ersten zehn Jahre sollte der Studiengang von den Unternehmen finanziert werden. Danach sollte eine weitere Finanzierung durch die Universität erfolgen. Mittlerweile hat der Studiengang seine Tätigkeit aufgenommen, wobei folgende Themenfelder im Mittelpunkt stehen (https://www.ipm.studium.fau.de/)

- Anlagen- und Apparatebau, Planung, Konstruktion,
- Effizienter Rohstoff-, Energie- und Finanzmitteleinsatz,
- Projektmanagement und
- Vermittlung zwischen Partnern unterschiedlicher Fachgebiete.

Als zweites Beispiel dient die Gründung einer Maschinenbauagentur, die auf Initiative der IG Metall Verwaltungsstelle Esslingen zurückgeht. Die Stadt Esslingen liegt im industriellen Großraum Stuttgart.

Regionale Strukturpolitik hat eine bis in die 1980er Jahre zurückreichende Tradition in der Region Stuttgart (vgl. Richter 1988). Besonders hervorzuheben sind die zweijährigen regionalen Strukturgutachten, die gemeinsam von den Kammern, der IG Metall und der Wirtschaftsförderung herausgegeben werden (siehe Kapitel 6.2) und die Beteiligung der IG Metall an der Wirtschaftsförderung Region Stuttgart GmbH. Die regionale Branchenarbeit (KfZ-Zulieferer, Maschinenbau, KFZ-Gewerbe Elektrowerkzeuge) war seit diesen Jahren mit dem Ziel verbunden, Betriebspolitik und regionale Strukturpolitik zu verbinden, was sich als Folge der Krise in zahlreichen Aktionen und zwei beschäftigungspolitischen Konferenzen niederschlug (vgl. hierzu auch Ott/Meinhardt 2014).

Esslingen war von der Krise besonders betroffen. Die industrielle Struktur ist durch kleine und mittlere Unternehmen der Maschinenbaubranche geprägt. Hinsichtlich der Finanzkrise 2008/9 setzte sich der 1. Bevollmächtigte der IG Metall dafür ein, die Unternehmen bei ihren Finanzierungsproblemen zu unterstützen und Mittel zu akquirieren, um Facharbeiter in Arbeit zu halten und den Weggang qualifizierter Arbeitnehmer zu verhindern. Die Krise kam für die Unternehmen völlig überraschend. In den Gesprächen in der Region wurde deutlich, dass die Krise in den Unternehmen „Spuren hinterlassen" hatte, wodurch die Bereitschaft der Unternehmen zur Beteiligung an gemeinsamen Aktivitäten erhöht wurde.

Kasten 4: Über den Tellerrand hinausschauen – Initiativen von Sieghard Bender

Regionale Industriepolitik ist in der Regel Tagesgeschäft, das sich mit aktuellen betrieblichen und regionalen Problemen auseinanderzusetzen hat. Sieghard Bender ist seit den 1990er Jahren einer der Vorreiter regionaler Industriepolitik. Im Rahmen seiner Tätigkeit in der IG Metall Verwaltungsstelle Chemnitz hat er in den 1990er Jahren ein umfangreiches Netzwerk zum Erhalt der industriellen Kerne in der Region aufgebaut. Nach seiner Rückkehr nach Esslingen 2005 hat er eine Schlüsselrolle bei der Bewältigung der Wirtschaftskrise eingenommen. Zwei Beispiele aus der Vielzahl seiner Aktivitäten sollen zeigen, dass regionale Industriepolitik auch über die Tagesprobleme hinaus mit einer langfristigen, gesellschaftsverändernden Perspektive gedacht und konzipiert werden kann.

Im Oktober 2009 organisierte er den „Aufstand der Anständigen", der sich gegen die Bankenpolitik während und nach der Krise richtete. Er entwickelte – aufbauend auf seinen Erfahrungen in Chemnitz – ein Konzept eines Regionalfonds mit einem Volumen von 500 Millionen Euro, das er von PriceWaterhouseCoopers konkretisieren und fundieren ließ. Dieser Fonds sollte – vorfinanziert durch Bundesmittel – für Unternehmen nutzbar sein, die entweder ohne eigenes Verschulden von der Krise betroffen waren oder eine zentrale Rolle in der regionalen Wirtschaft spielten. Der Regionalfonds sollte von einem Wirtschafts- und Sozialrat („Esslinger Rätemodell") verwaltet werden, in dem Vertreter der Unternehmen, der Beschäftigten und der Politik präsent sind. Dieser Regionalfonds war als Hebel zu einer Demokratisierung regionaler Industriepolitik gedacht und hätte Vorbild auch für andere Regionen sein können. Der Vorschlag stieß zunächst auf breiteres Interesse, scheiterte aber dann daran, dass die Unternehmen nicht bereit waren, sich in einen derartigen regionalen Entscheidungszusammenhang einbinden zu lassen, dass mit der Überwindung der Krise die Finanzierungsprobleme der Unternehmen auch nicht mehr aktuell waren.

Das letzte Projekt des 2013 unerwartet früh verstorbenen Sieghard Bender ging weit über die Region hinaus. Es handelt sich um den Aufbau einer Ausbildungswerkstatt für Elektriker in Ägypten. Unterstützt von der Hans-

Seidel-Stiftung und regionalen Unternehmen wie Metabo, Index, Hirsch-mann oder Bosch Thermotechnik wurde die Ausstattung der Lehrwerkstatt in Luxor finanziert, und ägyptische Ausbilder wurden in Nürtingen und Ess-lingen geschult. In einer ersten Phase wurden 20 Jugendliche als Elektriker ausgebildet, daran anschließend wurden Sanitärfachleute ausgebildet. Das Projekt wird mittlerweile von der IG Metall Verwaltungsstelle Esslingen weitergeführt und wird vom Unterrichtsministerium in Kairo begleitet.

Nachdem die gravierendsten Folgen der Krise überstanden waren, initiierte der erste Bevollmächtigte der IG Metall Esslingen, Sieghard Bender, mit den Unternehmen eine Debatte mit dem Ziel, kurzfristige Krisenstrategien zu überwinden und ein Umfeld für langfristige Entwicklungsstrategien zu schaffen. Die Idee bestand darin, ein Netzwerk aufzubauen, um die Kom-petenzen der Unternehmen im Bereich Elektromobilität mit dem Schwer-punkt auf Brennstoffzellen zu stärken und die Möglichkeiten des Personal-austausches zu nutzen.

Die IG Metall Esslingen, der Arbeitgeberverband Südwestmetall, die Wirtschaftsförderung Region Stuttgart sowie die Geschäftsleitungen und Betriebsräte von 15 Metall- und Elektrounternehmen erklärten sich zur Gründung der Agentur für Maschinenbau bereit. Die Beteiligten einigten sich schlussendlich darauf, eine Agentur für den Maschinenbau, angesiedelt unter dem Dach der Wirtschaftsförderung Stuttgart, zu finanzieren.

Durch den plötzlichen Tod von Sieghard Bender ist die weitere Umset-zung allerdings offen. Der anvisierte Personalaustausch wird von den Un-ternehmen bereits unabhängig von dem organisatorischen Dach praktiziert, auch an dem Thema Brennstofftechnik besteht weiter seitens aller Beteilig-ten großes Interesse. Offen ist allerdings, inwieweit sich die einmal ange-dachte organisatorische Konstruktion realisieren lässt.

Die beiden Beispiele zeigen, dass regionale Netzwerke oder Cluster aus Sicht der Gewerkschaften durchaus ein Instrument zur Sicherung der zu-künftigen wirtschaftlichen Entwicklung in der Region sind. Allerdings wird nur in wenigen Fällen eine (mehr oder weniger) aktive Einbindung in das laufende Clustermanagement bzw. dessen Steuerungsgremien als wichtig angesehen. Die Beteiligung der IG BCE im Vorstand der Wirtschaftsinitia-tive Lausitz und die Nutzung dieser Position als strategisches Instrument zur Themenbesetzung und Stärkung der Rolle als ein akzeptierter regional- und industriepolitischer Akteur kann als Ausnahme gesehen werden. In den meisten Gesprächen werden Clusterprojekte dagegen als Sache der Unter-nehmen gesehen, die zwar als sinnvoll, aber nicht als Ort gewerkschaftli-cher Beteiligung angesehen werden.

Ein drittes Beispiel bildet die im Rahmen der Aktivitäten „Die Rhön steht auf" erreichte Positionierung von Bad Neustadt als Modellstadt für Elektromobilität. Den Ausgangspunkt bildete 2010 die Ankündigung von Siemens in Bad Neustadt, 840 der 2000 Arbeitsplätze abbauen zu wollen. Auch in dieser Region sind Krisenerfahrungen nicht neu. Bereits Anfang der 1990er Jahre wurde die Region Schweinfurt von einer tiefgreifenden Krise betroffen, als zwischen 1992 und 1994 in drei Betrieben (SKF, Schaeffler und ZF) mehr als 10.000 Arbeitsplätze verloren gingen.

Unterstützt durch eine IMU-Studie (vgl. Krippendorf 1994) wurde seinerzeit eine regionale industriepolitische Strategie entwickelt, die vor dem Hintergrund der in diesen Jahren aufkommenden Diskussion um regionale Netzwerke bzw. Cluster unter anderem auf strategische Allianzen in den wichtigsten industriepolitischen Produktionsschwerpunkten setzte. Diese Politik ließ sich anders als in anderen Regionen in Schweinfurt nicht durchsetzen, was zum Teil auch daran lag, dass die Unternehmen enger als in anderen Regionen in den gleichen Märkten konkurrierten. Dennoch dokumentiert diese Studie den Strategiewandel der IG Metall, wenn sie ausführt: „Neben der Unterstützung betrieblicher Initiativen der Beschäftigten und deren Interessenvertretungen bestand für die IG Metall die Notwendigkeit, regional und strukturpolitisch zu handeln, weil der Krise allein betrieblich nicht wirksam entgegengesteuert werden konnte. Dadurch wurde von der IG Metall Verwaltungsstelle Aktivität in einem neuen Politikbereich eingefordert" (Krippendorf 1994: 164).

Ungeachtet der Schwierigkeiten bei der Umsetzung liegen in den damaligen Aktivitäten die Wurzeln eines losen Netzwerkes von IG Metall, Kirchen, Sozialverbänden, politischen Parteien und Kommunalpolitikern. Dieses Netzwerk ermöglichte es der IG Metall in der jüngsten Krise durch den angekündigten Arbeitsplatzabbau bei Siemens als „politischer Akteur mit eigenen inhaltlichen Vorschlägen aufzutreten" (Kippes 2014: 66).

Die Aktivitäten der IG Metall wurden unter dem Motto „Die Rhön steht auf" von einem breiten Protest begleitet (vgl. die Dokumentation in Sauer u.a. 2011). Das Aktionsspektrum war breit angelegt, dazu gehörten: Demonstrationen der Siemens Beschäftigten auch aus anderen Betrieben der Region, die Mobilisierung der Kontakte zur Landesregierung, Großdemonstrationen, die vor allem von kirchlichen Einrichtungen unterstützt wurden (8000 Menschen), Briefaktion an den Siemens Vorstandsvorsitzenden, Montagsgebete, Protestaktionen von Schülern, immer wieder spontane Demonstrationen vor dem Siemens Werk, „Kreuzweg" gegen den Stellen-

abbau, Demonstration in München vor der Siemens-Zentrale, Podiumsdis-
kussionen, Sammlung von Solidaritätsunterschriften durch den DGB
(7600).

Als Ergebnis sind vier Punkte festzuhalten. Erstens die Betriebsverein-
barung mit Siemens. Festgelegt wurde eine Personaluntergrenze von 1600
für die nächsten drei Jahre und eine konstante Zahl von Ausbildungsplätzen.
Betriebsbedingte Kündigungen sollten in dieser Zeit nicht ausgesprochen
werden. Durch die Aufstockung benachbarter Standorte von Siemens sollten 130 weitere Arbeitsplätze geschaffen werden. Kompetenzen im Bereich
Windkraft sollten ausgebaut werden und nicht zuletzt wurde vereinbart, den
Standort Neustadt zum Technologie- und Innovationszentrum für Elektromobilität auszubauen.

Dieser Aufbau der Kompetenz für Elektromobilität steht in engen Zusammenhang mit dem zweiten festzuhaltenden Punkt, der Aufnahme von
Bad Neustadt als Modellstadt für Elektromobilität im Rahmen des Zu-
kunftsprogramms „Aufbruch Bayern" mit einer Fördersumme von 10 Mio.
Euro zwischen 2011 und 2016 (zum Hintergrund der Modellstadt siehe
Klein 2013). Zentrale Bausteine der Modellstadt sind das 2012 an der Hoch-
schule für angewandte Wissenschaften Würzburg-Schweinfurt gegründete
Technologie-Transfer-Zentrum-Elektromobilität in Zusammenarbeit mit
der FH Würzburg-Schweinfurt sowie eine damit verbundene Stiftungspro-
fessur.

Weiterhin wurde, mit Beteiligung IG Metall Verwaltungsstelle Schweinfurt, ein lokaler Förderverein (M-E-NES, http://www.m-e-nes.de/) gegründet, der zum Ziel hat, die Entwicklung der Elektromobilität in Bad Neustadt
voranzutreiben. Der Verein ist für das Projektmanagement Elektromobilität
zuständig und koordiniert die laufenden Forschungs- und Entwicklungsar-
beiten unter Beteiligung regionaler Automobilzulieferer (www.eut-
ev.de/images/fotos/WEE_2015/2015_04_21_Ilmenau.pdf). Das Themenspektrum der Aktivitäten reicht von Fragen der Infrastruktur (Ladestatio-
nen) über technische Entwicklungen, konkrete Nutzungskonzepte und Qua-
lifizierungsfragen, Akzeptanzstudien und eine jährliche Fahrzeugschau
Elektromobilität.

Drittens ist eine Dynamik entstanden, die in den folgenden Jahren dazu
geführt hat, dass im Herbst 2014 erstmals ein gemeinsames regionales Projekt von IG Metall und BUND Deutschland zu einer sozial-ökologischen
Industriepolitik aufgelegt wurde. In einer ersten Phase ging es um die städ-
tische Mobilität, wobei unter anderem ein Pendelverkehr zwischen Industriegebiet und Innenstadt bzw. Bahnhof eingerichtet wurde, um das Ver-
kehrsaufkommen zu reduzieren. In der zweiten Phase geht es darum, die

Energieeffizienz in den Betrieben zu verbessern (www.igmetall.de/klima-schutz-vor-ort-18017).

Viertens lässt sich an diesem Beispiel das für regionale industriepolitische Spannungsfeld verdeutlichen: Es geht darum, "bei Konflikten und Krisen einerseits die Rolle des Moderators politischer Veränderungsprozesse einzunehmen und sich andererseits als Antreiber des Protests zu zeigen" (Kippes 2014: 66). Oder mit anderen Worten: „Muskeln sind ganz entscheidend", reichen aber allein nicht aus. Notwendig ist es, Meinungsführerschaft zu gewinnen, als Anwalt der Interessen der Region wahrgenommen zu werden und gemeinsam mit anderen eine Lösung zu finden.

Diese Zusammenarbeit mit anderen hat aber auch zur Folge, dass im Zweifelsfall die Rolle der IG Metall bei der Umsetzung der Aktivitäten in Vergessenheit gerät. Das gilt für alle drei hier dargestellten Initiativen. Wer heute auf die Homepage der neu aufgebauten Organisationen schaut, kann den langwierigen Prozess und die treibende Rolle der Gewerkschaften nicht erkennen. Dies liegt auch daran, dass den Gewerkschaften vor Ort in der Regel die Ressourcen fehlen um die weitere Arbeit in derartigen Projekten zu verstetigen und längerfristig dort eine aktivere Rolle einzunehmen.

Erfolge sind daher in der öffentlichen Wahrnehmung kurzfristig, die Rolle als anerkannter Partner muss immer wieder mit Leben gefüllt werden. Erfolgreich waren die Aktivitäten in beschäftigungspolitischer Hinsicht. An den Siemensstandorten in der Region arbeiten zum Zeitpunkt der Gespräche (2013) ungeachtet der Abbaupläne in etwa so viel Menschen wie vor Beginn der Auseinandersetzungen.

In Zusammenhang mit der regionalen Innovationspolitik sind auch Brancheninitiativen zu sehen. Brancheninitiativen werden durchaus von den Gesprächspartnern als wichtiges Instrument angesehen, sind in unseren Fallstudien aber nur begrenzt vorgefunden worden. In einem Fall (Norden von Rheinland-Pfalz) war zum Zeitpunkt der Erhebung eine Brancheninitiative geplant. Eine Maschinenbauinitiative in Hameln hat dagegen nicht die gewünschte Resonanz (auch nicht bei den Betriebsräten) gefunden. In Ulm hat die IG BCE im Rahmen eines Projektes die Vernetzung der Betriebsräte regionaler Pharmaunternehmen vorangetrieben. Hintergrund war hier die Bemühung der Gewerkschaft, die oftmals unterschätzte Bedeutung der Branche für die Industriestruktur und das Innovationssystem der Region und des Landes stärker zu thematisieren und hervorzuheben. Nicht zuletzt sollte hierdurch die Gewerkschaft als industriepolitischer Akteur in der Region stärker ins öffentliche Bewusstsein gebracht werden.

Als weiteres Beispiel für eine regionale Brancheninitiative soll Solar Valley in Halle/Magdeburg dargestellt werden. Hintergrund des gewerkschaftlichen Engagements im Solar Valley bildete das Interesse der IG BCE in Halle/Magde¬burg in den regionalen Betrieben der Solarbranche Mitbestimmungs- und Interessenvertretungsstrukturen aufzubauen. Erste Versuche wurden bereits bei der Firma Q-Cells im Jahr 2002 unternommen, die aber Anfangs scheiterten, da weder auf Seiten des Managements noch auf Seiten der Beschäftigten Interesse an einen betrieblichen Einstieg der IG BCE vorhanden war. Begleitet wurde diese Phase durch enorme Wachstumsprozesse der regionalen Branche. In der Summe waren im IG BCE Bezirk Halle/Magdeburg zu Hochzeiten rund 4.500 Beschäftigte in der Solarindustrie (inkl. Zulieferer) beschäftigt. Bedingt durch die Wachstumsprozesse wurde die Branche zur siebtwichtigsten Branche in Sachsen-Anhalt und hat dadurch bedingt auch das Interesse der Landespolitik geweckt.

Erst die Branchenkrise der Solarindustrie in der Region ab 2008 hat es der Gewerkschaft ermöglicht, Zugänge und Mitbestimmungsstrukturen in den Betrieben aufzubauen. Die Landespolitik hat zunächst die Krise nicht ernst genommen. Die IG BCE vor Ort hatte schon früh einen runden Tisch, einen Branchendialog gefordert. Erst die Insolvenz eines wichtigen Solarherstellers der Region gab den entscheidenden Impuls zur Durchführung des geforderten Branchendialogs. 2012 fand ein erster Solar-Branchendialog statt, auf dem Vorschläge zur Weiterentwicklung der Rahmenbedingungen für die deutsche Solarwirtschaft entwickelt und eine Verstetigung des Diskussionsprozesses vereinbart wurden. Zum Zeitpunkt unserer Untersuchung wurde ein weiterer Branchendialog vorbereitet.

Der Solarcluster wird in Halle/Magdeburg von der IG BCE strategisch genutzt. Zum einen konnten in den akuten Krisenzeiten des Solarstandortes neben wichtigen technischen Fragen auch Aspekte der Zukunftsfähigkeit der regionalen Standorte und Unternehmen diskutiert werden (regionale und betriebliche Voraussetzungen für das Angebot von Systemlösungen). In diesem Sinne diente das Cluster als Expertenpool. Zum anderen hat das Clustermanagement im Solar Valley selbst strategische Handlungs- und Themenfelder besetzt und ist selbst gut in die Politik und Forschungslandschaft vernetzt. Über diese Einbindung eröffnen sich für Gewerkschaften zusätzliche Zugänge zu relevanten Netzwerkakteuren, vor allen in die Politik. Festzuhalten ist auch, so die Erfahrungen aus den Fallstudien, dass Brancheninitiativen aber eher auf der Landesebene als auf der regionalen Ebene angesiedelt zu sein scheinen.

5.4 Die Zukunft gestalten: Energiewende und Elektromobilität, Industrie 4.0

Bereits bei der Diskussion der Aktivitäten zur Standortsicherung wurde deutlich, dass die einzelnen Themen nicht trennscharf voneinander abzugrenzen sind. Die jüngsten Initiativen zur Sicherung der industriellen Energieversorgung sind nicht ohne den Hintergrund der Energiewende zu verstehen (auch wenn für die Chemieindustrie die Energiekosten schon seit Jahren ein zentrales Thema in der politischen Diskussion sind). Auf einer allgemeinen Ebene ist die Energiewende bzw. eine nachhaltige Industrie eines der Schlüsselthemen der Gewerkschaften in den vergangenen Jahren, wobei sich hinter den bundesweiten Positionspapieren durchaus regionale Schwerpunkte herauskristallisieren.

Neben den bereits genannten, eher auf Öffentlichkeit und Politik zielenden Aktivitäten zur Sicherung der Energieversorgung sind in den vergangenen Jahren vor allem Aktivitäten zum Aufbau neuer regionaler Branchenschwerpunkte oder Cluster zu nennen, wobei die Ansiedlung von Betrieben, der Aufbau der Forschungsinfrastruktur und spezifische Fortbildungen für Betriebsräte und Beschäftigte eine zentrale Rolle spielen. Aus den Fallstudien sind zu nennen:

Der Aufbau der Windenergie in Bremerhaven bzw. an der Küste, der in Bremerhaven in enger Abstimmung mit der IG Metall stattfand und wo aufgrund der Struktur der angesiedelten (mitbestimmungsaffinen oder -erfahrenen) Betriebe eine gewerkschaftliche Vertretung konsequent aufgebaut werden konnte.

Die Werftindustrie in Bremerhaven ist seit Jahrzehnten krisenerfahren. Den Impuls für einen grundlegenden Strategiewandel bildete der Zusammenbruch des Werftenverbunds Bremer Vulkan 2005, in dessen Folge die Arbeitslosigkeit in Bremerhaven auf über 25 Prozent stieg. Auch hier organisierte die IG Metall zahlreiche Demonstrationen und Kundgebungen und damit den notwendigen Druck, um die für die wirtschaftliche Entwicklung zentralen Akteure zur Zusammenarbeit zu bringen. Die Bremerhavener Erklärung wurde gemeinsam von der IG Metall, dem Bremer Senat, dem Magistrat von Bremerhaven und der Industrie und Handelskammer unterschrieben. Im Kern der Erklärung ging es darum, Industriearbeitsplätze in Bremerhaven zu sichern und neue Industrien anzusiedeln.

Die von den genannten Akteuren gemeinsam entwickelte Konkretisierung wies zwei Kernelemente auf. Zunächst ging es um die Suche nach einem Industriezweig, der zu der Stadt passt und in das Profil der maritimen Wirtschaft eingebunden werden kann. Früher als an anderen Standorten setzte Bremerhaven auf Offshore-Windenenergie. Die Umsetzung wurde vor allem von der Wirtschaftsförderung unter kontinuierlicher Einbeziehung des Ersten Bevollmächtigten der IG Metall vorangetrieben. Mittlerweile konnten mehrere im Offshore-Windenergiebereich aktive Betriebe (Senvion, PowerBlades, Weserwind und AREVA) angesiedelt werden. Ein wesentlicher Faktor für die Ansiedlung war die Verfügbarkeit von kompetenten Fachkräften im Feld der maritimen Wirtschaft. Hinzu kommen ein in diesem Feld tätiges Fraunhofer Institut, der Beschluss zum Bau eines Offshore-Terminals und die Windenergie-Agentur Bremen/Bremerhaven als Kern eines Netzwerkes von Kernunternehmen, Forschung und Dienstleistern.

Der frühzeitige Einstieg in diesen neuen Markt war insofern sinnvoll, als es gelungen ist, einschlägige Betriebe anzusiedeln. Angesichts der unklaren Rahmenbedingungen – vor allem der offenen Fragen in Verbindung mit dem Netzausbau – ist die Entwicklung allerdings ins Stocken geraten. Die Betriebe haben mittlerweile Kurzarbeit angemeldet und eine der zentralen Herausforderungen ist es, die neu aufgebauten Kompetenzen zu erhalten und auszubauen, bis die weitere Entwicklung die erhoffte Dynamik erhält (vertiefend zur Situation an der Küste vgl. die Ergebnisse des Projekts von Wilke u.a. (2014) zur Industriepolitik in Norddeutschland).

Dieses Problem der Unsicherheiten in Zusammenhang mit der Entwicklung der Energiewende ist ein Problem, das nicht nur in Bremerhaven, sondern in der gesamten Küstenregion beobachtet werden kann. Von daher fordert das in Kapitel 5.2. erwähnte Gutachten zu den Perspektiven der Industriepolitik in Norddeutschland (Wilke u.a. 2014: 179ff) ein gemeinsames Vorgehen der Küstenländer um kontinuierliche und stabile Rahmenbedingungen bei der Energiewende einzufordern. Weiter wird ausgeführt: „Neben der Schaffung dieser eher langfristigen Rahmenbedingungen, erfordert die gegenwärtige Unterlast vieler im Offshore-Bereich agierenden Betriebe und Unternehmen zielführende Maßnahmen, um das in den letzten Jahren aufgebaute Personal – und damit das Know-how – zu halten. Kurzarbeit und Qualifizierungsanstrengungen könnten dabei helfen. Hier sollten bundes- und landespolitische Flankierungen greifen, um die gegenwärtige Auftragsflaute im Offshore-Sektor zu überbrücken" (180).

Festzuhalten ist, dass diese industriepolitischen Aktivitäten in Bremerhaven durch ein integriertes Konzept zur Modernisierung der Stadt begleitet wurden. Bereits Ende der 1990er Jahre war mit dem Umbau der Innenstadt begonnen worden, und nun kamen weitere Bausteine wie die Modernisierung der Infrastruktur, der Aufbau der „Hafenwelt" und ein darauf abgestelltes Tourismuskonzept hinzu.

Ebenfalls im Themenfeld Energie ist die Situation der Solarenergie zu sehen. Der Aufbau der Solarenergie in den neuen Bundesländern, hier am Beispiel Halle/Magdeburg untersucht, der immer wieder auch von Diskussionen um Arbeitsbedingungen und Innovationsstrategien der Unternehmen begleitet wurde und wo der gewerkschaftliche Zugang zu den Betrieben sich nicht immer einfach gestaltete. Erst mit der Krise gelang es, den von den Gewerkschaften schon frühzeitig geforderten Branchendialog zu organisieren, der 2014 in die zweite Runde gegangen ist. Allerdings erst zu einem Zeitpunkt, als bereits zahlreiche Arbeitsplätze in den regionalen Solarbetrieben verloren gegangen waren. Ressourcenprobleme und unterschiedliche Lösungsstrategien (IG Metall bevorzugte europäische Lösungen, IG BCE eher eine nationale Lösung) erschweren allerdings die Position der Gewerkschaften in diesen Gesprächsrunden. Gleichzeitig ist die Einbindung der Landespolitik, so die Erfahrungen aus Halle/Magdeburg, in überregionale Zusammenhänge schwierig. Während die IG BCE frühzeitig einen bundesweiten Branchendialog „Solar" eingefordert hatte, da der durch das Auftreten chinesischer Anbieter hervorgerufene ruinöse Preiswettbewerb auch Branchenstandorte in anderen Bundesländern betraf, verfolgte die Landesregierung einen rein landespolitisch orientierten Lösungsansatz.

Die Aktivitäten im Rahmen der bundesweiten Initiative zur Elektromobilität bilden einen weiteren sektoralen Schwerpunkt, ebenfalls mit Bezug zur Energiewende. Insbesondere für die IG Metall stellt sich die Diskussion um Elektromobilität als das momentane Schlüsselthema für die Automobilindustrie in Deutschland dar. An den vier Schaufensterprojekten sind die Gewerkschaften aktiv beteiligt, sowohl initiativ bzw. die Bewerbung organisierend, als auch in den diversen Lenkungsgremien und Arbeitsgruppen, in denen sie mit eigenen Projekten, vor allem im Qualifizierungsbereich, vertreten ist. Daneben gibt es auch weitere regionale Aktivitäten wie die geplante Maschinenbauagentur in Esslingen (siehe oben) mit dem Schwerpunkt Brennstoffzelle oder das Betriebsrätenetzwerk Elektromobilität, initiiert von der Verwaltungsstelle Alfeld-Hameln-Hildesheim und weitergeführt von der Landesbezirksleitung.

Das Projekt „Fachkräfteentwicklung in der Autozulieferindustrie" (FAIR) hat sich nur zögerlich entwickelt, möglicherweise ist die Region Hildesheim zu klein, um dieses branchenübergreifende Thema angemessen zu bearbeiten. Von daher ist es konsequent, dass es mittlerweile an das Schaufensterprojekt „Unsere Pferdestärken werden elektrisch" der Metropolregion Hannover, Braunschweig, Göttingen, Wolfsburg angedockt wurde. Es zielt auf Beschäftigungs- und Qualifikationsentwicklung bei den Automobilzulieferern in der Metropolregion. Beteiligt sind neben den

Bosch-Betrieben und KSM [Castings] in Hildesheim, die Unternehmen Delphi in Bad Salzdetfurth und die VTG-Tochter Waggonbau Graaff in Elze. Unterstützt wird das Qualifizierungsprojekt durch die Fachhochschule Ostfalia, die TU Braunschweig und die regionale Wirtschaftsförderung Hildesheim.

Das Projekt ist nach Aussagen in der Fallstudie möglicherweise zu früh gekommen, da die Erwartungen an Elektromobilität sich bisher nicht erfüllt haben: Die Unternehmen wissen noch nicht konkret, wohin es geht und können von daher auch noch keinen Qualifizierungsbedarf konkretisieren. Möglicherweise wird sich die Qualifizierungsfrage am ehesten im Kfz-Handwerk zeigen.

Bezogen auf die Energiewende kann die dezentrale gewerkschaftliche Struktur als großer Vorteil gesehen werden, da hiermit nicht nur die unterschiedlichen regionalen Problemlagen berücksichtigt, sondern auch die regionalspezifischen Potenziale angesprochen werden können. Letzteres gelingt dort, wo eine auf die Zukunft orientierte Perspektive dominiert. In Regionen mit (noch) laufenden Atomkraftwerken oder auch großen Energieversorgern bzw. Stadtwerken ist eine solche einheitliche Perspektive durchaus schwierig. Umgekehrt zeigen die Gespräche in den süddeutschen Bundesländern eine deutliche Skepsis gegenüber zentralen Strukturen wie Offshore-Windparks und verweisen auf Modellprojekte zur kommunalen Autonomie bei der Energieversorgung oder auf genossenschaftliche Lösungen.

Neben der Energiewende ist seit einigen Jahren die Diskussion um die Zukunft der Arbeit in Zusammenhang mit der Diskussion um Industrie 4.0 ein zentrales Zukunftsthema der Industriepolitik. Auch wenn der Begriff Industrie 4.0 in kurzer Zeit als Marketingbegriff für die Kompetenz und die Zukunftsfähigkeit der deutschen Industrie etabliert werden konnte, steht er bei der Umsetzung immer im größeren Zusammenhang der Digitalisierung industrieller Prozesse und den damit verbundenen Konsequenzen für Geschäftsmodelle und Produktionsorganisation.

Ähnlich wie das Schaufensterprojekt zur Elektromobilität ist die Initiative Industrie 4.0 zunächst einmal ein national aufgelegtes Projekt, an dem die Gewerkschaften auch im Steuerungskreis beteiligt sind (https://www.bmbf.de/de/zu-kunftsprojekt-industrie-4-0-848.html). Ähnlich wie das Schaufensterprojekt benötigen derartige Programme aber Akteure für die praktische Arbeit vor Ort. Während dies für das Schaufensterprojekt mit Aspekten wie Nutzungskonzepte, Infrastruktur und Einbindung in die Regional- oder Stadtplanung auf der Hand liegt, ist die regionale Ebene bei Industrie 4.0 erst auf den zweiten Blick erkennbar. Die Umsetzung von Industrie 4.0 erfolgt zunächst auf der betrieblichen Ebene oder auf der Ebene der Branche oder der Wertschöpfungskette. Mittlerweile ist dieses Thema allerdings auch in Form von Informationsveranstaltungen oder Betriebsrätenetzwerken auf der regionalen Ebene angekommen. So wurde auf Initiative des baden-württembergischen Wirtschaftsministers im März 2015 das Netzwerk „Allianz Industrie 4.0 Baden-Württemberg" in Stuttgart ins Leben gerufen. Neben DGB und IG Metall gehören auch das Forum soziale Technikgestaltung, Industrieverbände, Kammern, Hochschulen und Clusterinitiativen zu den Gründungsmitgliedern.

Ein sehr ambitioniertes, in seinen konkreten Umsetzungsformen aber noch sehr offenes Projekt stellt die im Rahmen des Umbaus des Opel-Geländes in Bochum geplante „Worldfactory" dar. Geplant ist ein interdisziplinäres Ausbildungs- und Unternehmensgründungskonzept, an dessen Konzeption neben den wesentlichen regionalen Akteuren auch die Gemeinsame Arbeitsstelle RUB/IGM beteiligt ist (für weitere Aktivitäten vgl. den Blog www.blog-zukunft-der-arbeit.de/ sowie die Dokumentation der IG Metall aus dem Jahr 2015).

Als eine der führenden Regionen bei der Umsetzung von Industrie 4.0 hat sich Ostwestfalen-Lippe mit dem Exzellenzcluster „it's OWL" herauskristallisiert (www.its-owl.de). Dieses Projekt ist ohne Mitwirkung der Gewerkschaften entstanden, aber inzwischen hat die IG Metall Verwaltungsstelle Minden gemeinsam mit dem IG Metall Bezirk NRW und der Technologieberatungsstelle dieses Thema aufgegriffen.

Den Auftakt der Aktivitäten bildete im Oktober 2013 eine Fachtagung der IG Metall in Paderborn. Im Rahmen dieser Fachtagung kamen Experten aus Gewerkschaften, Unternehmen, Wissenschaft und Ministerien zu Wort, wobei die Konsequenzen für die Arbeitsorganisation im Mittelpunkt standen.

Im Folgenden wurden verschiedene Projekte zur Begleitung des Prozesses und zur Unterstützung der betroffenen Betriebsräte aufgelegt, von denen an dieser Stelle drei erwähnt werden sollen.

Erstens: Im Rahmen des aus ESF-Mitteln und des Arbeitsministeriums NRW geförderten und Mitte 2015 gestarteten Projekts „Arbeit 2020 in NRW" wird eine prozessorientierte Begleitung von Betriebsräten aus etwa 30 Unternehmen angeboten, um sie im Umgang mit den bereits laufenden betrieblichen Planungen zu stärken und zu unterstützen. Neben der IG Metall sind seitens der Gewerkschaften die IG BCE, die NGG, der DGB sowie Beratungseinrichtungen beteiligt. Im Rahmen dieses Projekts werden einzelbetriebliche Beratungen durch einen betriebsübergreifenden Austausch ergänzt. Eine Rückkopplung mit den Beschäftigten in den Betrieben ist ebenso vorgesehen wie Dialogveranstaltungen für spezifische Zielgruppen.

Zweitens: Aus wissenschaftlicher Sicht ist das Ende 2015 eingerichtete Fortschrittskolleg „Gestaltung von flexiblen Arbeitswelten – Menschen-zentrierte Nutzung von Cyber-Physical Systems in Industrie 4.0" an den Universtäten in Paderborn und Bielefeld zu nennen. Partner in diesem Kolleg sind das oben genannte Exzellenzcluster it's OWL, das regionale Innovationsnetzwerk Energie Impuls OWL, der VDI Düsseldorf, der DGB NRW, die IG Metall NRW und die Technologieberatungsstelle beim DGB NRW Dortmund.

Themenfelder der vor allem in Form von Promotionen durchgeführten Forschung sind:

- „Übergang zu menschen-zentrierten, flexiblen und adaptiven Arbeitsprozessen unter Berücksichtigung ihrer gesellschaftlichen Einbettung und organisationaler Gerechtigkeit,
- Einsatz von lernenden, intelligenten Assistenzsystemen in Form von Cyber-Physical Devices,
- Entwicklung eines anforderungsorientierten Systems Engineering-Ansatzes als Grundlage für eine interdisziplinäre Zusammenarbeit,
- Untersuchung der daraus resultierenden Änderungen in den beruflichen Anforderungen mit Konsequenzen für die Aus- und Weiterbildung und das Lernen am Arbeitsplatz." (http://pace.uni-paderborn.de/studien
- programme/fsk-gfa.html).

Drittens: Von der IG Metall NRW wurde zusammen mit einem Beratungsunternehmen im Rahmen des Projekts „Arbeit 2020 in NRW" eine „Betriebslandkarte Industrie und Arbeit 4.0" entwickelt und Ende 2015 vorgestellt. Hierbei handelt es sich um ein bildhaftes Instrument, das aufzeigt, welcher Grad an Vernetzung und Selbststeuerung in den Unternehmensprozessen bereits besteht und welche Konsequenzen für Arbeitsplätze und Qualifizierung damit verbunden sind. Bisher liegt dieses Instrument für acht an „it's OWL" beteiligten Betrieben vor.

Dieses Projekt zeigt aber auch die Grenzen der Verwaltungsstellen bei strategisch zentralen Projekten auf. Die Grenzen zwischen betrieblichen Strategien, regionalen Strategien und Strategien des Landesbezirks werden fließend. In dieser Hinsicht unterscheiden sich die an Industrie 4.0 orientierten Maßnahmen sowie die oben dargestellten Schaufensterprojekte zur Elektromobilität von den anderen hier dargestellten regionalen Initiativen: spezifische Regionen stehen zwar im Fokus, die Aktivitäten lassen sich aber nur in enger Zusammenarbeit oder auch nur unter Federführung der Landesbezirke und deren Kooperationspartnern und in Zusammenarbeit mit den Betriebsräten effektiv umsetzen.

5.5 Zwischenbilanz: Handlungsfelder und Erfolgskriterien

Eine Zwischenbilanz unserer Bestandsaufnahmen der neuen regionalen industriepolitischen Initiativen ergibt zunächst ein zwiespältiges Bild. Auf der einen Seite finden wir neue Ideen und Initiativen, hoch engagierte gewerkschaftliche Akteure und handlungsfähige regionale Netzwerke. Dass dies von Region zu Region sehr unterschiedlich ist, überrascht nicht, sind doch die regionalen Voraussetzungen auch sehr heterogen. Generell gilt, dass die politischen Rahmenbedingungen für regionale Industriepolitik sich verbessert haben, dass Fenster für die Umsetzung von Strategien zur Stabilisierung und zur Weiterentwicklung industrieller Produktion sich geöffnet haben.

Abbildung 15: Erfolgseinschätzung der wichtigsten industriepolitischen Aktivität

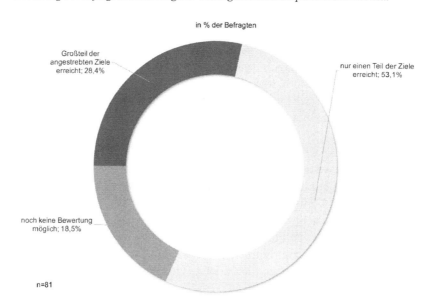

Quelle: eigene Erhebungen

Auf der anderen Seite finden wir bei unseren Gesprächspartnern auf der Landesebene und in den Regionen aber auch ein hohes Maß an Skepsis. Die Gewerkschaften haben sich aus der Strukturpolitik zurückgezogen, sie haben sich selbst aus dem Spiel genommen, die Ressourcen reichen nicht, um die neuen Möglichkeiten auszuschöpfen, es ist kaum möglich industriepolitische Initiativen langfristig zu verstetigen, all das sind sinngemäß einzelne Aussagen, die sich in den Fallstudien wie auch in den Gesprächen gefunden haben.

Diese Zwiespältigkeit findet sich auch in den Ergebnissen unserer Befragung (Abbildung 15), auf die wir noch einmal kurz eingehen wollen. Lediglich ein Viertel der Antwortenden sieht den Großteil der angestrebten Ziele als erreicht an, während immerhin knapp die Hälfte der Antwortenden bis zum Untersuchungszeitpunkt Teilerfolge verbuchen konnte.

Abbildung 16: Positive Aspekte der industriepolitischen Aktivität (Mehrfachnennungen)

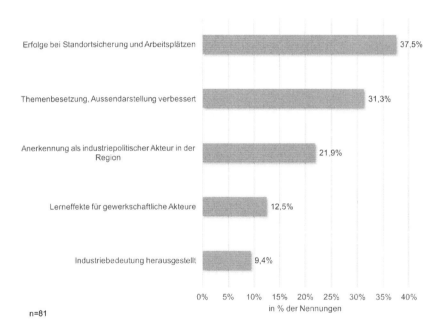

n=81

Quelle: Eigene Erhebungen

Am deutlichsten spiegeln sich Erfolge bei einem indirekten Effekt der durchgeführten zentralen industriepolitischen Initiativen wider. Demnach berichten knapp 43% der befragten Gewerkschaftsvertreterinnen und -vrtreter von einer Verbesserung der Einbindung in die relevanten regionalen Netzwerke (Abbildung 16). Mehr als ein Fünftel der Befragten (27%) konnte zudem arbeits- und industriepolitisch relevante Themen besetzen und dadurch die eigene gewerkschaftliche Außendarstellung verbessern.

85

Für weitere 19% schlägt sich der Erfolg des Engagements in Form einer Anerkennung als industriepolitischer Akteur in der Region nieder. Erfolge im Hinblick auf direkte Effekte lassen sich vor allen Dingen in Fragen der Standort- und Arbeitsplatzsicherung beobachten. Insgesamt knapp ein Drittel der Befragten berichtete über entsprechende positive Wirkungen.

Allerdings werden auch kritische Aspekte gesehen (Abbildung 17). Beklagt werden vor allen Dingen die geringe Kontinuität bzw. Nachhaltigkeit der jeweiligen Maßnahmen (21,1%), deren mangelnde Verbindlichkeiten (15,2%), die nicht immer ganz klaren Erfolge (18,2%) sowie wie die mangelnde Ausstrahlung der industriepolitischen Aktivität auf betriebliche Gegebenheiten (15,2%). Eines der wesentlichsten Probleme für die industriepolitische Arbeit in den Regionen stellen jedoch nach Auskunft der Befragten die mangelnden verfügbaren (personellen) Ressourcen dar, ein Problem, das auch in den Fallstudien immer wieder als Restriktion für die Verstetigung industriepolitischer Arbeit vor Ort angesehen wurde.

Abbildung 17: Negative Aspekte der industriepolitischen Aktivität (Mehrfachnennungen)

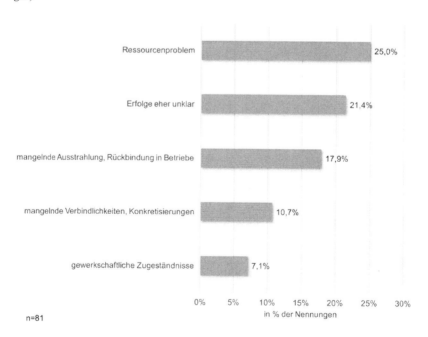

Quelle: eigene Erhebungen

Vor diesem Hintergrund ist auch die Frage nach dem Erfolg gewerkschaftlicher Initiativen differenziert zu beurteilen. Die Einschätzung des Erfolgs hängt von verschiedenen Faktoren ab: von der jeweiligen Ausgangssituation und Verankerung in der Region, von den gesetzten Zielen, von der Frage, inwieweit diese Ziele allein oder nur mit Kooperationspartnern erreicht werden können, von der (erwarteten) Nachhaltigkeit der erreichten Ziele.

Fassen wir die Aussagen aus den Fallstudien in dieser Hinsicht zusammen, so lassen sich folgende Ergebnisse zur Frage einer aus Sicht der Gewerkschaften erfolgreichen regionalen Industriepolitik benennen:

- Zunächst wird es als Erfolg angesehen, als industriepolitischer Partner ernst genommen werden. Dies war vor der Krise 2008/9 keineswegs immer der Fall, die Gewerkschaften wurden eher als Gesprächspartner bei sozial- und arbeitspolitischen Fragen angesehen. Mit der Krise hat sich dies nach Aussagen nahezu aller Befragten geändert, wobei dies nicht nur auf die neue Wertschätzung der Industrie generell, sondern vor allem auf die aktive Rolle der Gewerkschaften beim Krisenmanagement zurückzuführen ist.
- Darüber hinaus wird der Aufbau verlässlicher Netzwerke mit einer verlässlichen Gesprächskultur als Erfolg angesehen. Dies erfordert wie gezeigt eine langfristige Strategie und Verankerung. Dort, wo sich derartige Strukturen in unseren Fallstudien fanden, liegen die Wurzeln weit zurück, die Krise hat hier bestenfalls als Stabilisator oder Beschleuniger gewirkt. Inwieweit in der Folge auch neue Strukturen aufgebaut wurden, lässt sich jetzt noch nicht sagen.
- Netzwerke sind notwendig für erfolgreiche industriepolitische Initiativen, aber kein Wert an sich. Von daher wird dann von Erfolg gesprochen, wenn konkrete und umsetzbare Projekte etabliert werden, die vor Ort für Betriebsräte und Gewerkschaftssekretäre nutzbar sind. Derartige Projekte können unterschiedlich sein: es kann sich um regionale Qualifizierungsmaßnahmen handeln, es kann sich um von den Gewerkschaften selbst organisierte Projekte, vor allem auch zur Unterstützung von Betriebsräten handeln, es kann sich auch um regionale Innovationsprojekte mit eher mittelbarer Auswirkung auf die Arbeitsmarktentwicklung handeln.
- Projekte sind immer auf einen begrenzten Zeitraum angelegt, von daher wird es in weitergehender Perspektive für wichtig gehalten, Institutionen zu schaffen, die zur Sicherung und Schaffung von Arbeitsplätzen beitragen, also einen Rahmen für weitere Projekte darstellen. Bei sol-

chen Institutionen kann es sich um langfristige industriepolitische Strategien oder Programme handeln, es können auch regionale industrie-, struktur- und arbeitspolitische Einrichtungen sein.

- Ein weiterer als Erfolg angesehener Aspekt betrifft die Rahmenbedingungen für Industriepolitik, den Eingang von Kriterien für Gute Arbeit in Programme und Verordnungen etwa in der Form von Tariftreuegesetzen oder Vergaberichtlinien (siehe hierzu auch Kapitel 6.4). Dies lässt sich zwar nicht direkt auf regionale Aktivitäten zurückführen, aber in nahezu allen Regionen in unseren Fallstudien wurden zu diesem Thema Veranstaltungen durchgeführt.

- Harte Indikatoren (Zahl und Qualität der Arbeitsplätze, Mitgliederentwicklung) werden zwar für wichtig gehalten, es besteht aber weitgehend übereinstimmend die Ansicht, dass derartige Entwicklungen letztlich nur schwer auf einzelne Aktivitäten zurückzuführen sind.

Der Erfolg regionaler industriepolitischer Initiativen - damit auch die Selbsteinschätzung aus unserer Befragung ist also differenziert zu betrachten und im folgenden Kapitel sollen die hierfür wichtigen Rahmenbedingungen genauer betrachtet werden.

6 Regionale Industriepolitik – eine systematische Annäherung

Die Fallstudien haben ein Spektrum sehr unterschiedlicher industriepolitischer Aktivitäten deutlich werden lassen. Regionale industriepolitische Aktivitäten sind von jeweils regional spezifischen Problemstellungen und Handlungskonstellationen geprägt. Auf der einen Seite wird – wie weiter unter argumentiert wird – dies immer so sein, auf der anderen Seite ist es für eine strategische Begründung und für ein analytisches Verständnis von regionaler Industriepolitik nicht ausreichend, nur auf die besonderen regionalen Konstellationen zu verweisen.

Von daher wird in diesem Kapitel ein übergreifender, gemeinsame und spezifische Faktoren einbeziehender Erklärungsrahmen vorgestellt und dort, wo möglich und sinnvoll, mit Beispielen aus den Fallstudien veranschaulicht. Auch wenn es sich um einen heuristischen Rahmen handelt, können wir dabei doch auf verschiedene, vor allem drei theoretische Bausteine zurückgreifen.

Erstens hat sich in den vergangenen Jahren der in den USA entwickelte und in Deutschland vor allem von Jenaer Soziologen weiter entwickelte Machtressourcenansatz als fruchtbar erwiesen (vgl. die Beiträge in Schmalz und Dörre Hrsg. 2013). Zwei für diesen Ansatz zentrale Unterscheidungen sollen aufgegriffen werden: Erstens wird zwischen struktureller Macht, Organisationsmacht und institutioneller Macht unterschieden. Wir wenden diese Kategorien pragmatisch an und schauen auf die industriellen Strukturen in der Region als Basis für die strukturelle Macht, auf die Verankerungen der regionalen Ebene der Gewerkschaften im Kontext gewerkschaftlicher Organisation insgesamt (organisatorische Macht) und auf die Verankerung der gewerkschaftlichen Akteure im regionalen Governance-Kontext als institutioneller Ebene. Aspekte des institutionellen Kontexts werden auch thematisiert, wenn wir nach den gesamtgesellschaftlichen Rahmenbedingungen fragen.

Zweitens unterscheidet sich die Frage nach der regionalen Industriepolitik von den im Machtressourcenansatz thematisierten Fragen dadurch, dass er nicht direkt auf die betriebliche Ebene abzielt, sondern auf einen überbetrieblichen regionalen Handlungszusammenhang. Dieser regionale Zusammenhang lässt sich immer nur in Zusammenspiel mit anderen Akteuren gestalten. Von daher ist ein Bezug zur Governanceforschung herzustellen.

Dieser Bezug erfolgt auf dreierlei Ebenen: das regionale Handlungspotenzial ist nur im Kontext mit der Einbindung in eine Mehrebenengovernance (Region, Bundesland, Staat, Europa bzw. EU) zu verstehen. Innerhalb der Regionen finden wir weiterhin unterschiedliche institutionelle Arrangements und entsprechend unterschiedliche Governancemodi. Und schließlich lässt sich die organisatorische Macht der Gewerkschaften vor Ort, wie oben gesagt, auch als eine gewerkschaftliche Mehrebenengovernance (Betrieb, Branche/Tarifvertrag, Region, Bundesland bzw. (Landes)Bezirk, Bund) verstehen.

Da es sich bei der regionalen Governance in vieler Hinsicht um eine Netzwerkgovernance handelt (vgl. Benz u.a. 2000), ist dieser Aspekt eng mit der Frage nach dem sozialen Kapital verbunden. Soziales Kapital kann sich dabei sowohl auf die individuellen Netzwerke der gewerkschaftlichen Akteure vor Ort beziehen (Bourdieu 1983) wie auch auf die kollektive strategische Handlungsfähigkeit in den Regionen (Putman 1993).

Drittens unterliegt der Handlungsrahmen vor Ort auf der gesamtgesellschaftlichen Ebene anzusiedelnden Schwankungen. Hierbei sind vor allem Themenkonjunkturen wichtig, die den jeweiligen gesellschaftlichen Herausforderungen bzw. den sich daraus ergebenden politischen Prioritäten entsprechen. Mit anderen Worten: Für einzelne Themen öffnen sich zu bestimmten Zeitpunkten Fenster, die die politische und gesellschaftliche Bereitschaft für auf diese Themen bezogene Strategien begünstigen. Derartige Fenster sind in der politischen Philosophie unter unterschiedlichen Konzepten seit langer Zeit thematisiert worden: als „kairos" in der griechischen politischen Philosophie, als „virtu" etwa bei Macchiavelli und von Kingdon (1984) als „windows of opportunity" im Rahmen seiner „policy stream" Analysen. Für unsere Untersuchung ist diese Frage nach Fenstern deshalb wesentlich, da – wie eingangs dargestellt – die Frage, inwieweit sich mit der Krise 2007/8 ein derartiges Fenster für regionale industriepolitische Strategien geöffnet hat, den Ausgangspunkt bildete.

Als Konsequenz aus diesen Überlegungen ergibt sich ein analytischer Rahmen, der vier Rahmenbedingungen für die Frage nach der Handlungsmöglichkeit bzw. nach den Einflussfaktoren für regionale Industriepolitik seitens der Gewerkschaften umfasst (siehe Abbildung 18).

Erstens geht es auf der strukturellen Ebene um die industriellen Strukturen vor Ort, also um die dominierenden Sektoren, Betriebsgrößen, Beschäftigungsstruktur, Stellung in der globalen funktionalen Arbeitsteilung, Eigentumsverhältnisse usw.). Diese Strukturen beeinflussen den Organisationsgrad und die damit zusammenhängenden Ressourcen und damit vor allem auch die Konfliktfähigkeit. Allerdings sind diese Strukturen nicht statisch, sie unterliegen konjunkturellen und strukturellen Schwankungen, wobei gerade die realen oder auch erwarteten Folgen dieser Schwankungen für die betriebliche Ebene immer wieder den Ausgangspunkt für gewerkschaftliche Aktivitäten bilden (Kapitel 6.1).

Abbildung 18: Rahmenbedingungen und Einflussfaktoren regionaler industriepolitischer Initiativen

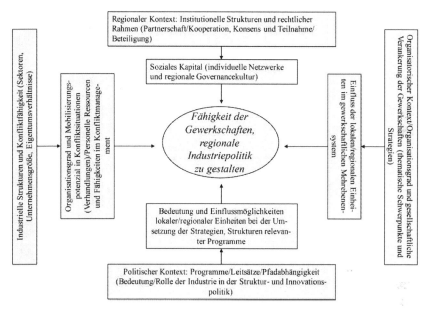

Zweitens geht es auf der organisatorischen Ebene um die Ressourcen und die Strategiefähigkeit der gewerkschaftlichen Akteure in den Regionen. Erfolgreiche regionale Industriepolitik benötigt Ressourcen und Handlungsspielräume vor Ort. Insofern sind die regionalen Akteure aus den Verwaltungsstellen, den Regionen oder den Bezirken die entscheidenden Handelnden (auch im Rahmen unserer Fallstudien). Wie diese Ressourcen und Handlungsspielräume aussehen, hängt zentral davon ab, wie die regionalen Einheiten in den organisatorischen Gesamtzusammenhang der Gewerkschaften einbezogen sind. Hierbei geht es um die Arbeitsteilung zwischen regionaler Ebene, Landesebene und Bund. Hiermit sind verschiedene Fragen verbunden:

- Wie ist der organisatorische und strategische Stellenwert der regionalen Einheiten im gewerkschaftlichen Gesamtzusammenhang?

- Wie drückt sich das in Ressourcen aus und wie lassen sich die durch die Organisation der Beschäftigten gegebenen Ressourcen aktivieren und nutzen bzw. durch Zusammenarbeit oder Arbeitsteilung erweitern?
- Was folgt aus den unterschiedlichen Voraussetzungen, die die Mitgliedergewerkschaften und der DGB besitzen? (Kapitel 6.2)

Drittens spielt der institutionelle Kontext in Form der spezifischen regionalen Governance eine zentrale Rolle. Industriepolitische Aktivitäten, dies zeigen sowohl die Umfrage wie auch die Fallstudien, werden zwar immer wieder seitens der Gewerkschaften initiiert, für die Umsetzung in Projekte oder Institutionen werden aber regionale Partner benötigt. Umgekehrt gilt auch, dass industriepolitische Aktivitäten oder industriepolitisch relevante Anstöße von anderen regionalen Akteuren kommen, mit denen sich gewerkschaftliche Vertreter auseinandersetzen müssen. Der regionale politische Kontext, der formelle institutionelle Rahmen, die dahinterliegenden sozialen Netzwerke sowie die kollektive regionale Handlungsfähigkeit sind daher Schlüsselgrößen für die wirksame Umsetzung industriepolitischer Aktivitäten Diese regionale Handlungsfähigkeit ist ebenfalls in einen mehrere Ebenen umfassenden politischen Kontext eingebunden. Regionen werden in der Regel als sozialer Handlungsraum oberhalb von Kommunen und unterhalb der Landesebene definiert. Notwendig für regionale industriepolitische Initiativen ist also die Nutzung von Handlungsräumen in einem mehrere Ebenen umfassenden politischen Kontext und der diesem Kontext zugrundeliegenden Governancemuster. (Kapitel 6.3).

Viertens geht es um den gesamtgesellschaftlichen Rahmen. Auf unser Thema bezogen bezieht sich dies vor allem auf die Frage, inwieweit ein Fenster für industriepolitische Aktivitäten offen ist. Hierbei geht es um die politische und gesellschaftliche Problemanalyse, um daraus folgende politisch programmatische Strategien und nicht zuletzt um die Frage, inwieweit sich diese Strategien in konkreten Maßnahmen, in Förderprogrammen, in institutionellen Formen (etwa beim Thema Gute Arbeit), in Beteiligungsrechten und nicht zuletzt in seitens der Gewerkschaften nutzbaren finanziellen Ressourcen niederschlagen (Kapitel 6.4).

Da im Mittelpunkt die Frage nach der regionalen Industriepolitik steht, werden die Ressourcen und Strategien der Gewerkschaften in den Regionen und die regionale Handlungsfähigkeit im Mittelpunkt der Überlegungen stehen.

6.1 Der strukturelle Kontext – Industrielle Strukturen und Konfliktfähigkeit als Basis struktureller Macht

Gewerkschaften leben von der Organisations- und Konfliktfähigkeit ihrer Mitglieder. Von daher überrascht es kaum, dass, wie in Kapitel 5 gezeigt, ein Zusammenhang zwischen der Bedeutung der Industrie in der Region und der Anzahl der industriepolitischen Initiativen besteht. Die Mitgliederbasis der Gewerkschaften ist in den vergangenen Jahrzehnten kontinuierlich geschrumpft, so dass bereits von einer „Gewerkschaftsdämmerung" die Rede ist.

Tabelle 2: Entwicklung der Gewerkschaftsmitgliedschaft und Organisationsgrad der DGB-Gewerkschaften

	Deutschland insgesamt 2015			
	IG BCE	IGM	übrige DGB Gewerk-schaften	DGB insge-samt
2008	701.053	2.300.563	3.369.859	6.371.475
2009	687.111	2.263.020	3.314.792	6.264.923
2010	675.606	2.239.588	3.278.058	6.193.252
2011	672.195	2.245.760	3.237.944	6.155.899
2012	668.982	2.263.707	3.218.495	6.151.184
2013	663.756	2.265.859	3.213.105	6.142.720
2014	657.752	2.269.281	3.177.818	6.104.851
2015	651.181	2.273.743	3.170.589	6.095.513

	Anteil Mitglieder DGB-Gewrkschaften an abhängig beschäftigten Erwerbstätigen	
	2014	2008
Deutschland	15,9%	17,7%
Westdeutschland	19,2%	18,1%
Ostdeutschland	14,6%	16,2%

Quelle: HBS, DGB, Destatis; eigene Berechnungen

Diese Situation hat sich mittlerweile geändert: der Mitgliederrückgang insgesamt ist seit einigen Jahren verlangsamt und einzelne Gewerkschaften wie etwa die IG Metall weisen in den vergangenen Jahren wieder steigende Mitgliederzahlen vor allem auch bei Jugendlichen aus. Gleichzeitig hat sich der Organisationsgrad der DGB-Gewerkschaften in den alten Ländern 2014 im Vergleich zu 2008 erhöht (Tabelle 2).

Wie sich auch in unseren Untersuchungen zeigt, sind die industriellen Entwicklungen regional sehr unterschiedlich ausgeprägt. Der Anteil der industriell Beschäftigten an den Gesamtbeschäftigten in den von uns tiefer untersuchten Regionen schwankt zwischen ca. 12 Prozent in der DGB Region Berlin/

Brandenburg und rund 39 Prozent in der IG Metall Verwaltungsstelle Wolfsburg. Je nach Branchenentwicklung finden sich gleichzeitig Regionen mit schrumpfendem und wachsendem industriellem Besatz und auch die Branchenkonjunkturen verlaufen nicht einheitlich. Gegen den Trend erfolgte etwa in den Jahren der Wirtschaftskrise 2008/9 in Bremerhaven der Aufbau der von der Offshore-Windenergie getragenen maritimen Wirtschaft in Bremerhaven mit wachsenden Beschäftigtenzahlen. Mit der Stagnation des Ausbaus sind Beschäftigungsrückgänge dann in den Jahren nach der Krise zu verzeichnen gewesen.

Die konkreten Rahmenbedingungen sind gut dokumentiert: der Organisationsgrad hängt wesentlich ab von Faktoren wie Branchenstruktur, Struktur der Beschäftigten, Betriebsgrößenstruktur oder Eigentümerstruktur. Aus dem Zusammenspiel dieser Rahmenbedingungen ergibt sich nach dem Machtressourcenansatz die Konsequenz, dass strukturelle Macht „...aus der Stellung von Lohnabhängigengruppen im ökonomischen System (erwächst). Sie kann sich primär in Verhandlungsmacht, die aus einer besonderen Arbeitsmarktsituation entspringt, ebenso wie Produktionsmacht, die sich über eine besondere strategische Stellung in Produktionsprozessen konstituiert, ergeben..." (Dörre/Schmalz 2013: 17).

Allerdings ist dieser Ansatz auf die betriebliche Basis und die entsprechende strategische Ausrichtung bezogen, während regionale industriepolitische Initiativen nach dem eingangs formulierten Verständnis nicht direkt auf die betriebliche Ebene abzielen, auch wenn betriebliche Entwicklungen immer wieder den Ausgangspunkt bilden und die Grenzen zwischen Betriebs- und Regionalpolitik fließend geworden sind. Von daher benötigen wir für die Analyse der strategischen Handlungsfähigkeit auf der regionalen Ebene ein tieferes Verständnis der sich aus der betrieblichen Verankerung ergebenden Machtpotenziale. Hierbei ist zunächst auf die organisatorischen Ressourcen zu verweisen.

Die personelle Ausstattung wie auch der regionale Zuschnitt der regionalen organisatorischen Einheiten hängt wesentlich von der Mitgliederzahl ab. Darüber hinaus gibt es, wie etwa bei der IG Metall, die Möglichkeit, Personal für Sonderprojekte bewilligt zu bekommen. Derartige Projekte zielten in den vergangenen Jahren überwiegend auf die Ausweitung der Mitgliederbasis ab.

Neben der personellen Ausstattung sind zwei weitere sich aus der Mitgliederbasis bzw. der damit eng zusammenhängenden Verankerung im Betrieb zu nennen. Diese bilden zwar keine direkte Machtbasis, aber sie stellen ein Potenzial dar, das in den regionalen Aktivitäten immer wieder genutzt wurde.

Erstens ist mit den organisierten Beschäftigten und den Betriebsräten ein Wissen über betriebliche Entwicklungen vorhanden, das kein anderer regionaler Akteur aufweisen kann. Dies wurde auch in verschiedenen Expertengesprächen explizit zum Ausdruck gebracht. Es ist daher konsequent, dass in der Mehrzahl der Fallstudien auf die Bedeutung von Betriebsrätearbeitskreisen oder Betriebsrätekonferenzen als zentraler strategischer Impuls für regionale industriepolitische Initiativen seitens der Gewerkschaften hingewiesen wurde.

Zweitens ist über die Betriebsräte und bei mitbestimmten Unternehmen auch über die Aufsichtsräte ein direkter Zugang zur Unternehmensleitung gegeben. Dies ermöglicht es nicht nur, Unternehmensleitungen in regionale Handlungszusammenhänge einzubringen, sondern auch, Betriebsvereinbarungen und regionale Ziele – dargestellt etwa am Beispiel Erlangen in Kapitel 5 – Hand in Hand umzusetzen. Dieser Zugang zur Unternehmensleitung – auch dies wurde in mehreren Gesprächen geäußert – ist durch die zunehmende Präsenz extern konzerngebundener Unternehmen schwieriger geworden, trifft aber auf der regionalen Ebene die regionalen Arbeitgeberverbände stärker als die Gewerkschaften. Weiterhin ist darauf hinzuweisen, dass die externe Abhängigkeit zwar ein wachsendes Problem für regionale Handlungsfähigkeit darstellt, aber immer wieder individuelle Faktoren modifizierend wirken. So sind zum Beispiel skandinavische Unternehmen mit der Mitbestimmung vertraut und offener für regionale Einbindung als angelsächsische Unternehmen (vgl. Lippert/Jürgens 2012).

6.2 Der organisatorische Kontext – Zusammenarbeit innerhalb und zwischen den Gewerkschaften

Mit der Frage nach neuen Impulsen in der regionalen Industriepolitik standen die regionalen Einheiten der in die Untersuchungen einbezogenen Gewerkschaften im Mittelpunkt. Zwar wurden auch Gespräche auf der Landesebene (Bezirke bzw. Landesbezirke) durchgeführt, diese dienten aber dazu, den Untersuchungsrahmen zu präzisieren und eine Übersicht über die regionalen Aktivitäten und interessante Beispiele für die Fallstudien herauszuarbeiten.

Von daher ist es zunächst notwendig, die Rolle der regionalen Einheiten innerhalb der gewerkschaftlichen Organisationsstruktur zu betrachten. Wir gehen dabei davon aus, dass die gewerkschaftliche Organisation sich als Mehrebenengovernance analysieren lässt, wobei die organisatorischen Einheiten auf der hier besonders interessierenden räumlichen Ebene in den vergangenen Jahren starken Veränderungen unterlagen.

Übersicht 5: Räumliche Organisationseinheiten der Gewerkschaften zum Untersuchungszeitpunkt

	DGB	*IG Metall*	*IG BCE*
Landesebene	9 Bezirke	7 Bezirke	8 Landesbezirke
regionale Ebene	66 DGB Regionen	151 Verwaltungsstellen	44 Bezirke
lokale Ebene (ehrenamtliche)	Ca. 330 Kreis- und Stadtverbände	Ortsgruppen, Nebenstellen, Wohnbezirke	1100 Ortsgruppen, teilweise in 66 Regionalforen zusammengefasst

In formaler Hinsicht lässt sich für den räumlichen Aspekt zunächst folgendes festhalten: Die IG BCE fasst seit 2005 die unterschiedlich organisierten Mitglieder vor Ort in rund 1100 Ortsgruppen teilweise in 66 Regionalforen zusammen, weist auf der regionalen Ebene 44 Bezirke aus, die wiederum in 8 Landesbezirken zusammengefasst sind.

Der DGB hat 2010 unterhalb der 66 DGB-Regionen und 7 Bezirke eine ehrenamtlich besetzte Stadt- bzw. Kreisebene eingeführt. Die Umsetzung war im Verlauf der Fallstudien noch in Fluss, zuletzt gab es ca. 330 derartiger Stadt- und Kreisverbände.

In der IG Metall gibt es unterhalb der 7 Bezirke 152 Verwaltungsstellen. Diese Zahl ist durch Fusionen benachbarter Bezirke in Fluss. Generell ist die IG Metall von den drei hier einbezogenen Gewerkschaften am stärksten dezentralisiert. In den einzelnen Verwaltungsstellen finden sich teilweise Nebenstellen, weiterhin gibt es auch hier eine lokale ehrenamtliche Ebene (Ortsgruppen, teilweise auch Wohnbezirke), die aber satzungsgemäß nicht so explizit verankert sind wie bei den anderen beiden genannten Gewerkschaften.

Für die Gewerkschaften als demokratische Organisation ist die regionale Ebene zentral. Für die Mitgliedergewerkschaft findet sich hier die zentrale Anlaufstelle der Mitglieder, hier sind die zentralen Aktivitäten der Mitgliederbetreuung angesiedelt, und von daher ist es auch konsequent, dass Mitgliedersicherung und Mitgliedergewinnung die Kernaufgaben dieser Ebene bestimmen. Anders sieht es bei den DGB-Regionen aus: Hier geht es darum, in Zusammenarbeit mit den Mitgliedergewerkschaften strategisches Handeln zu organisieren und an den relevanten regionalen Entscheidungsprozessen teilzunehmen.

In strategischer Hinsicht ist festzuhalten, dass Industriepolitik zwar ein zentrales Thema aus Sicht der regionalen Akteure darstellt, dass Industrieoder Strukturpolitik aber nicht zu den Kernaufgaben oder zu prioritären Aufgaben der regionalen Organisationseinheiten zählt. Auch im IG Metall Geschäftsbericht 2011-2014 (IG Metall 2015: 166f) erscheint die regionale Ebene nicht als industriepolitische Handlungsebene. Als industriepolitische Ansatzpunkte werden Europa, die Bundespolitik, die Bundesländer und die Unternehmen genannt. Allerdings hat sich die Einschätzung der strategischen Bedeutung der regionalen Ebene Mitte der 2010er Jahre geändert. 2014 wurde eine Broschüre herausgegeben, die ausgehend von mehreren Sitzungen des Arbeitskreises regionale Industriepolitik Beispiele regionaler Industriepolitik vorgestellt hat (IG Metall 2014). Auf der Homepage der IG Metall werden regelmäßig weitere Beispiele regionaler Industriepolitik vorgestellt (http://www.igmetall.de/serie-industriepolitik-teil-ii-er-folg-mit-innovation-und-14147.htm). Und auf dem Gewerkschaftstag der IG Metall im Oktober 2015 wurde in verschiedenen Anträgen (u.a. 1135, 1461, 1009) eine Unterstützung und Profilierung regionaler Industriepolitik beantragt und auch beschlossen (IG Metall Gewerkschaftstag 2015).

Wenn, wie dargestellt, im Folgenden die Aktivitäten der regionalen Ebene im Mittelpunkt stehen, dann sind zuvor einige Anmerkungen zu den DGB-Orts- und Kreisverbänden notwendig, da diese auch immer wieder ein Thema in den Gesprächen im Rahmen der Fallstudien darstellten.

Der Aufbau der DGB-Kreis- und Stadtverbände mit ehrenamtlichen Vertretungsstrukturen wird von den Vertretern der Mitgliedsgewerkschaften zunächst überwiegend skeptisch beurteilt. Gefragt wird, inwieweit ehrenamtliche Vertreter die zeitlichen und sachlichen Ressourcen für gemeinsame Kampagnen aufbringen können und wie eine vernünftige Informationsbasis aufgebaut werden könne.

Das Personal für die ehrenamtlichen Positionen stammt aus unterschiedlichen Gruppen. In den dominierenden Städten einer Region ist es in der Regel der Geschäftsführer oder die Geschäftsführerin der DGB Region, in kleineren Städten oder Kreisen finden sich häufiger verrentete Gewerkschafter (nicht nur aus dem DGB). In einzelnen Regionen wird gezielt nach aktiven Gewerkschaftsmitgliedern aus den Betrieben gesucht, wobei Betriebsräte nach den bisherigen Informationen nur schwer in solche zusätzlichen Funktionen einzubinden sind.

Besonders interessant sind die Fälle, in denen Sekretäre der Mitgliedergewerkschaften die Funktion des Kreisvorsitzenden oder der Stellvertreterin übernehmen. Hier sind Ansätze einer engeren Abstimmung zwischen den beteiligten Gewerkschaften (immer auch in Abhängigkeit von den persönlichen Beziehungen) erkennbar und ebenfalls erste Ansätze einer fließenden Arbeitsteilung zwischen den regionalen Gewerkschaften.

Als Beispiel aus den Fallstudien kann hier Trier angeführt werden. In der DGB Region Trier arbeiteten zur Zeit der Expertengespräche (2004) drei hauptamtlich Beschäftigte. Die Mitgliedergewerkschaften sind nur teilweise vor Ort präsent. Die IG Bau hat sich hier aus der Fläche zurückgezogen, die IG BCE auch, ist aber noch mit einem Sekretär vor Ort präsent. Allerdings gab es hier bereits vor der Organisationsreform 2010 Kreisvorstände auf ehrenamtlicher Basis. Mittlerweile gibt es innerhalb der DGB-Region fünf Kreis- bzw. Stadtverbände (Bernkastell-Wittlich, Eifelkreis Bitburg-Prüm, Trier-Saarburg, Vulkaneifel, Trier). Die Ortsvorstände wurzeln in den Mitgliedergewerkschaften (IG Bau, NGG, IG Metall, 2-mal ver.di), sind überwiegend verrentet und oft auch in der Kommunalpolitik aktiv.

Hervorzuheben ist, dass sich hier neue Muster einer Arbeits- und Rollenteilung auf regionaler bzw. lokaler Ebene abzeichnen. So tritt der DGB-Vorsitzende immer wieder in den Betrieben vor Ort auf, Vertreter oder Vertreterinnen der Einzelgewerkschaften sind in den kommunalen Ausschüssen unter der Flagge des DGB präsent, bezogen auf die Mitgliederbetreuung finden sich Ansätze einer arbeitsteiligen Spezialisierung in und zwischen den Einzelgewerkschaften.

Eine Zusammenarbeit zwischen den Gewerkschaften vor Ort ist allerdings keineswegs selbstverständlich und reibungsfrei, sondern steht vor verschiedenen Herausforderungen. Aus unseren Fallstudien lassen sich folgende Aspekte zusammenfassen.

Auf die unterschiedliche räumliche Organisation der im Mittelpunkt dieser Untersuchung stehenden Gewerkschaften wurde bereits oben hingewiesen. Das Bild wird noch komplexer, wenn wir weitere Mitgliedergewerkschaften einbeziehen. Ver.di ist in der Fläche mit gut 100 Bezirken noch ähnlich präsent wie die IG Metall, weist aber quer zur räumlichen Gliederung noch eine funktionale Gliederung auf. Die IG BAU hat sich weitestgehend aus der Fläche zurückgezogen, hat ein Dutzend Bezirksverbände und ist in der Fläche mit Mitgliederbüros präsent.

Funktionen der Mitgliederbetreuung sind unterschiedlich standardisiert und werden in einzelnen Fällen auch externalisiert. Beispielhaft etwa im IG BCE Bezirk Duisburg, der zum Untersuchungszeitpunkt etwa rechtliche Kompetenzen und rechtliche Beratungsleistungen oder aber in ausgewählten Fällen auch die Organisation von Veranstaltungen und Aktionen ausgelagert hat. Vergleichbares war auch in anderen untersuchten Regionen zu beobachten.

Die Mitgliedergewerkschaften verfolgen unterschiedliche tarifpolitische Strategien. So sind nach Aussagen unserer Gesprächspartner etwa Ausbildungsfragen bei der IG Chemie wesentlich stärker tarifpolitisch geregelt als bei den anderen Mitgliedergewerkschaften.

Auch die Arbeitsteilung zwischen Bundesebene, Landesebene und regionaler Ebene ist bei den einzelnen Gewerkschaften unterschiedlich ausgeprägt. Grundsätzlich ist davon auszugehen, dass die regionale Ebene zentraler Bezugspunkt für die Mitglieder ist, dass sie für die Umsetzung der zentralen Strategie zuständig ist und dass hierbei aber von den Besonderheiten vor Ort auszugehen ist.

Damit scheint grundsätzlich eine Zusammenarbeit/Arbeitsteilung der Gewerkschaften vor Ort trotz der unterschiedlich vorhandenen Autonomie der regionalen Ebene möglich. Wie am Beispiel Trier zu beobachten, zeigen sich auch Beispiele für Funktionsverflechtung und Arbeitsteilung. Ähnliches war im Fall Hamburg bei der IG BCE zu beobachten, die in den Arbeitskreisen des Hamburger Masterplans Industrie auch den DGB vertritt. Letztlich sind diese Verflechtungen aber immer ortspezifisch und von den persönlichen Netzwerken abhängig. Ein generelles Muster war in unseren Fallstudien nicht zu erkennen.

Daneben finden sich aufgrund der unterschiedlichen Ausgangsbedingungen und Strategien aber auch systematische Konflikte:

- die Frage nach den Betriebszuständigkeiten (wer organisiert welchen Betrieb),
- unterschiedliche Positionen vor allem bezogen auf die Energiewende oder
- unterschiedliche gewerkschaftspolitische Positionen bilden zuweilen den Hintergrund für persönliche Konflikte. „Ich arbeite mit Freunden zusammen" ist eine typische Aussage, die die pragmatische Herangehensweise an regionale Zusammenarbeit deutlich macht.

Sicher lässt sich grob sagen, dass die Mitgliedergewerkschaften in den Betrieben verankert sind, regionale Strategien stärker von der betrieblichen Ebene aus thematisieren, der DGB eher in gesellschaftspolitischen und europäischen Fragen aktiv ist. Ein einheitliches Muster der inner- und zwischengewerkschaftlichen Zusammenarbeit in den Regionen ist aufgrund unserer Fallstudien in industriepolitischen Fragen nicht zu erkennen.

Bezogen auf regionale Industriepolitik findet in unseren Gesprächen am häufigsten eine Zusammenarbeit zwischen IG Metall, IG BCE und DGB statt. Gelegentlich sind IG Bau und NGG in industriepolitische Aktivtäten eingebunden, eine Einbindung von ver.di in industriepolitische Aktivitäten fand in den Fallstudien nur in einzelnen Fällen statt.

Weiterhin ist auf eine weitere industriepolitisch besonders wichtige Form der Zusammenarbeit der regionalen Gewerkschaftseinheiten einzugehen, die sich in unseren Fallstudien bei der IG Metall gefunden hat.

Als erstes Beispiel ist die Zusammenarbeit der IG Metall Verwaltungsstellen in Südostniedersachsen zu nennen. Vor dem Hintergrund einer Diskussion um die regionale Zusammenarbeit und deren strategische Ausrichtung in Südostniedersachsen gründeten vier regionale Verwaltungsstellen der IG Metall 1989 zunächst einen regionalpolitischen Arbeitskreis (Braunschweig, Peine, Salzgitter, Wolfsburg). 1995 wurde dieser Arbeitskreis in eine Arbeitsgemeinschaft überführt, die Koordinationsstelle wurde in der Verwaltungsstelle der IG Metall Salzgitter angesiedelt. Der für die Koordinierungsaufgaben in Vollzeit eingestellte Kollege wurde von den vier Verwaltungsstellen gemeinsam finanziert. In den folgenden Jahren wurde (bis 2010) ein „Kümmerer" auf Werkvertragsbasis eingestellt, der wesentliche Impulse für die regionale Zusammenarbeit setzen konnte. Die Entscheidung für einen externen Kümmerer wurde damit begründet, dass die einzelnen Bevollmächtigten in der Regel lokal eingebunden sind, ein ausdrücklich für die Region stehender Sprecher daher sinnvoll erschien. Ein solcher Sprecher ist heute nicht mehr präsent, aber für die Vorbereitung der Aktivitäten wird immer wieder auf externe Unterstützung zurückgegriffen.

Die Arbeitsgemeinschaft bildete den Kern eines strukturpolitischen Netzwerks, das heute insbesondere der Vorbereitung der Arbeit in der Allianz für die Region (siehe Kapitel 5.1) dient. Neben der Bevollmächtigten sind unter anderem der Lehrstuhlinhaber für Politikwissenschaft der TU Brauschweig und der Vorsitzende der DGB Region vertreten. Ein weiteres Netzwerk fokussiert um die seit Ende der 1990er Jahre durchgeführten „Bevollmächtigtengespräche", in deren Rahmen Betriebsräte und Gewerkschaftsfunktionäre regionalpolitische Themen diskutieren.

Zentrales Thema dieser Zusammenarbeit ist das Projekt „Für Arbeit und Lebensqualität", wobei vor allem regionalpolitische Aspekte im Vordergrund stehen. „Die Mitgestaltung von Ansätzen wie dem „Projekt Region Braunschweig" bedeutet, den Begriff der Mitbestimmung zu erweitern: Denn in solchen Projekten werden Arbeits- und Lebensbedingungen aktiv mitgestaltet" (Räschke 2013: 37-42).

Kasten 5: Strukturberichterstattung in der Region Stuttgart

Seit Mitte der 1990er Jahre gibt der Verband Region Stuttgart gemeinsam mit den Kammern der Region und den regionalen IG Metall Verwaltungsstellen den Strukturbericht für die Region Stuttgart heraus. Den Kern bildet eine umfassende Darstellung der Veränderung zentraler Indikatoren für die Wirtschafts- und Beschäftigtenentwicklung in der Region. Bearbeitet wird der Bericht gemeinsam von dem IMU Institut in Stuttgart und dem Institut für Angewandte Wirtschaftsforschung in Tübingen. Der Bericht bietet eine gemeinsame Analysegrundlage wie auch abgestimmte Handlungsempfehlungen für die strukturpolitischen Akteure in der Region. Weiterhin werden regelmäßig spezielle für die Region zentrale Themen bearbeitet. Hierbei handelt es sich um:

- Tertiarisierung und Qualifikation (1995)
- Frauenerwerbstätigkeit und Qualifizierung (1996)
- Qualifizierung und Beschäftigung (1997/8)
- Beschäftigungspotenziale im Bereich einfacher Dienstleistungen (1999)
- Arbeit, Alter und Qualifikation (2001/2)
- Internationalität (2003/4)
- Innovation (2005)
- Unternehmensgründungen (2007)
- Umbruch in der Automobilregion (2009)
- Umweltwirtschaft und Maschinenbau (2011)
- Fachkräftebedarf und Erwerbspersonenpotenzial (2013)
- Investitionen (2015)

Ein zweites Beispiel betrifft die IG Metall in der Region Stuttgart. Die Arbeitsgemeinschaft von fünf Verwaltungsstellen der IG Metall in der Region Stuttgart (Esslingen, Göppingen-Geislingen, Ludwigsburg, Stuttgart und Waiblingen) wurde 1995 gegründet. Auch hier war der parallele Regionalisierungsprozess in der Region (Gründung der Region Stuttgart) ein zentraler Bezugspunkt. Die Arbeitsgemeinschaft versteht sich als ergänzend zur

Tätigkeit der Verwaltungsstellen und fungiert als strategisch koordinierende Arbeitsebene. Seit Mai 2000 beauftragte die Arbeitsgemeinschaft eine (beim Bezirk ansässige) regionalpolitische Sekretärin mit der Konzeption und Umsetzung dieser Aufgaben.

Die thematischen Schwerpunkte der Arbeitsgemeinschaft beziehen sich auf die branchenbezogene Betriebsbetreuung, auf die regional- und strukturpolitische Interessenvertretung sowie auf die gewerkschaftliche Bildungsarbeit. Die gemeinsame Bildungsarbeit wird im Rahmen einer Bildungskooperation (BiKo) organisiert. Die branchenbezogene Betriebsbetreuung reicht von der Organisation von Betriebsratsnetzen im Bereich Maschinenbau und Elektrowerkzeug bis hin zu offenen Strukturen im Bereich Handwerk und Zulieferer.

Ein besonders zu erwähnender Aspekt betrifft die Mitherausgeberschaft an den alle zwei Jahre herausgegebenen Strukturberichten. Diese Mitherausgeberschaft beruht auf der Rolle der IG Metall als Gesellschafter und damit auch als Mitglied im Aufsichtsrat der Wirtschaftsförderung Region Stuttgart (siehe Kasten 5).

Ungeachtet der jeweils spezifischen thematischen Schwerpunkte weisen die Beispiele Wolfsburg und Stuttgart auf wesentliche, für eine effektive Zusammenarbeit zentrale Gemeinsamkeiten hin:

- beide Arbeitsgemeinschaften entwickelten sich parallel zu dem Aufbau regionaler Kooperationsstrukturen. Die IG Metall war in beiden Fällen Treiber einer engen politischen regionalen Zusammenarbeit wie auch aktiv Beteiligter (Finanzierung, Gesellschafter, im Aufsichtsrat vertreten);

- beide Arbeitsgemeinschaften bilden den Kern, um den sich verschiedene themenspezifische Netzwerke bilden; hierbei ist es wichtig, dass zum einen eine kontinuierliche Rückkopplung mit den Betriebsräten erfolgt, dass daneben aber auch themenspezifisch weitere Akteure, auch außerhalb des gewerkschaftlichen Organisationszusammenhangs, einbezogen werden;

- in beiden Fällen wird die Zusammenarbeit vor Ort (in Südostniedersachsen mit Unterbrechungen) durch eine externe Person unterstützt, ein Aspekt der immer wieder in Zusammenhang mit erfolgreicher strategischer regionaler Handlungsfähigkeit zu finden ist und auf den im folgenden Kapitel 6.3 noch genauer einzugehen sein wird.

Auch zwischen den regionalen Einheiten und der Landesebene werden die Grenzen fließender. Angesichts der knappen Ressourcen vor Ort und der die einzelnen Regionen übergreifenden Handlungsräume lassen sich industriepolitische Aktivitäten häufig sinnvoll nur noch in einem größeren räumlichen Rahmen und damit etwa in Zusammenarbeit zwischen regionaler und Landesebene bearbeiten. Aus den Fallstudien lassen sich folgende Themen für eine Zusammenarbeit benennen:

Abbildung 19: Einschätzung der Bedeutung der Kooperationspartner auf regionaler Ebene bzw. auf Landesebene[8]

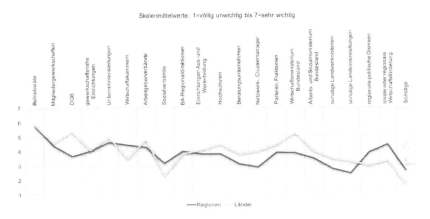

Quelle: eigene Erhebungen

- die Umsetzung der zentralen industriepolitischen Initiativen des Bundes wie Industrie 4.0 und Elektromobilität (Wolfsburg, Hildesheim, Stuttgart, Minden),
- die Durchführung von Brancheninitiativen bzw. Branchenkonferenzen (Trier, Halle/Magdeburg),
- die Durchführung vor allem arbeitspolitischer Projekte im Rahmen des Europäischen Sozialfonds (Hildesheim, Minden),
- die Beteiligung an strukturpolitischen Leitprojekten (Hamburg, Berlin)
- Standortübergreifende Betriebsrätekonferenzen (Bremerhaven bzw. Küste),
- überregionale Branchen- oder Konzernarbeitskreise bilden ebenfalls einen in vielen Gesprächen sehr hoch eingeschätzten Rahmen, um die re-

---

8   Die Angaben zur regionalen Ebene stammen aus in der in Kapitel 4 dargestellten Befragung. Die Angaben zur Landesebene wurden mit der gleichen Frage im Rahmen der in Kap. 3 dargestellten Gespräche mit den für Strukturpolitik Verantwortlichen der Bezirke bzw. Landesbezirke erhoben.

gionalen Entwicklungen einordnen zu können, Informationen über generelle Trends zu erhalten und branchen- oder konzernspezifische Strategien zu diskutieren und abzustimmen,

• Regionen übergreifende industriepolitische Strategien (Berlin, Küste bzw. norddeutsche Bundesländer).

Diese enge Zusammenarbeit zwischen regionaler Ebene und Landesebene wird auch deutlich, wenn wir die wichtigsten Kooperationspartner auf den beiden Ebenen vergleichen (siehe Abbildung 19).

Im Großen und Ganzen ähnelt sich die Einschätzung der Kooperationspartner auf den beiden verglichenen Ebenen. Insbesondere die herausragende Bedeutung der Zusammenarbeit mit den Betriebsräten ist zu betonen. Betrachten wir die Unterschiede, so lassen sich folgende Merkmale als Hinweise auf eine Arbeitsteilung zwischen Landesebene und regionaler Ebene herausarbeiten:

• die Zusammenarbeit mit den anderen Mitgliedergewerkschaften wird auf regionaler Ebene höher eingeschätzt, auf Landesebene gilt dies für die Zusammenarbeit der Einzelgewerkschaften mit dem DGB;

• auf der regionalen Ebene wird, wenig überraschend, die Zusammenarbeit mit der lokalen und regionalen Wirtschaftsförderung, mit Wirtschaftskammern, mit regionalen politischen Gremien und sonstigen Regionalverwaltungen sowie mit den Sozialverbänden höher eingeschätzt als auf Landesebene;

• auf der Landesebene wird vor allem die Bedeutung der Zusammenarbeit mit politischen Akteuren, aber auch mit Akteuren der Forschungs- und Innovationspolitik (Forschungseinrichtungen, Clustermanager, Technologietransfer) höher eingeschätzt als auf regionaler Ebene, was sich auch mit dem weiter oben dargestellten Ergebnis einer relativ geringen Bedeutung von Innovationspolitik für Gewerkschaften auf regionaler Ebene deckt.

6.3 Der regionale Kontext – Governancestrukturen und soziales Kapital

Regionale Industriepolitik geht über die einzelbetriebliche Ebene hinaus, sie ist dadurch immer auf Kooperationspartner und Verankerung in regionale Entscheidungsstrukturen angewiesen. Von daher nehmen der Aufbau von Vertrauen und das damit erworbene soziale Kapital der gewerkschaftlichen Akteure eine zentrale Rolle bei der Strategie- und Umsetzungskompetenz ein. Soziales Kapital hat dabei zwei Ebenen:

- erstens geht es in Anschluss an Bourdieu (1983) um die sozialen Netzwerke der einzelnen Akteure und
- zweitens geht es in Anschluss an Putman (1993) um die kollektive regionale Handlungs- und Strategiefähigkeit.

Beginnen wir mit der ersten Ebene, so besteht zunächst der Eindruck, dass die persönlichen Netzwerke individuell sehr unterschiedlich gestaltet sind. Folgen wir Dörre u.a. (siehe Kapitel 3), dann sind sie das Ergebnis herausragender individueller Kompetenz. Diese Betonung der Rolle von „local heroes" verdeckt den Blick für die alltäglichen Netzwerkaktivitäten, die in fast allen Fallstudien eine Rolle spielen. Dabei ist es zunächst unabhängig davon, ob die Vernetzung durch eine feste institutionelle Verankerung (siehe unten) erleichtert wird oder ob es sich um das Ergebnis eines langfristigen Aufbaus sozialer Beziehungen handelt.

Sofern es ein typisches Netzwerk gibt, dann bilden den Kern der DGB-Vorsitzende (in manchen Regionen auch der Kopf einer Mitgliedergewerkschaft), die beiden Kammern (die Einbettung der Arbeitgeberverbände ist unterschiedlich) und ein oder mehrere Vertreter der Veraltung (vor allem Wirtschaftsförderung). Häufig findet sich als gewerkschaftlicher Kern eines solchen Netzwerks ein Tandem: die ersten Bevollmächtigten der IG Metall und die Regionsgeschäftsführer des DGB in Frankfurt und Berlin etwa verfolgen ihre Strategien arbeitsteilig und in enger Abstimmung.

Abbildung 20: Einschätzung der Bedeutung der Kooperationspartner auf regionaler Ebene nach Häufigkeiten

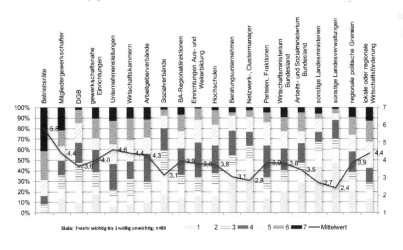

Quelle: eigene Erhebungen

Die weiteren für regionale Industriepolitik relevanten Kooperationspartner werden durch unsere Befragung deutlich (siehe Kapitel 4 und Abbildung 20). Bei den regionalen Akteuren (auf die gewerkschaftlichen Akteure wird weiter unten gesondert eingegangen) werden Unternehmensleitungen, Wirtschaftskammern, Arbeitgeberverbände und Akteure der lokalen und regionalen Wirtschaftsförderung am wichtigsten eingeschätzt. Danach folgen die BA-Regionaldirektoren, Einrichtungen der beruflichen Aus- und Weiterbildung, Hochschulen, Parteien/Fraktionen, regionale politische Gremien wie Wirtschaftsausschüsse und das Wirtschaftsministerium des entsprechenden Bundeslandes.

Dies entspricht den regionalen institutionellen Rahmenbedingungen. Ausschüsse der beruflichen Bildung und Institutionen der Arbeitsverwaltung, Wirtschaftsausschüsse oder Steuerungsgremien von regionalen Entwicklungsagenturen oder Technologiezentren sind Orte und institutioneller Rahmen, an denen sich die Akteure regelmäßig treffen. Auf der Landesebene sind etwa die Begleitausschüsse der europäischen Strukturpolitik ein derartiger Ort. In einzelnen Fällen wird diese Vernetzung durch parteipolitische Verankerung der gewerkschaftlichen Akteure verstärkt, in anderen Fällen ist es die individuelle Reputation, auf deren Basis auch ohne enge Verankerung in den Institutionen individuelle Netzwerke themenspezifisch aktiviert werden können.

Mit anderen Partnern wird punktuell zusammengearbeitet. Mit Sozialverbänden oder Kirchen etwa im sozialpolitischen Bereich, mit Umweltverbänden bei energiepolitischen Aktivitäten. Mit Umweltverbänden finden sich aber immer auch - wie bei dem Thema Standortsicherung angesprochen - Konfliktkonstellationen.

Auf der zweiten Ebene geht es um soziales Kapital als kollektive regionale Handlungsfähigkeit, also um Netzwerke und die zugrundeliegenden Kooperationskulturen. Bei der Entstehung einer derartigen regionalen Handlungsfähigkeit kommen unterschiedliche Faktoren zusammen: eine lang zurückreichende kooperative Tradition der Einbindung der Sozialpartner, die gemeinsamen Aktivitäten in Folge einer tief greifenden Krise, ein enges regionales Zusammengehörigkeitsgefühl, wie etwa in Trier oder Bremerhaven zu beobachten. Parteipolitische Verflechtungen spielen ebenfalls eine Rolle, sind aber keineswegs notwendige Voraussetzungen für regionale Vernetzung.

Dieses generelle Bild variiert in mehrerer Hinsicht. Erstens geht es um die lokale Kooperations- oder Governancekultur. In den meisten Regionen ist die Zusammenarbeit zwischen Gewerkschaften, Kammern und Wirtschaftsförderung selbstverständlich, sowohl von den institutionellen Rahmenbedingungen wie auch – so zeigen unsere Gespräche mit nicht gewerkschaftlichen Akteuren – von der individuellen Akzeptanz her. Dies gilt vor allem für die institutionell verankerten Beteiligungsrechte.

Allerdings reicht – darüber sind sich die meisten Gesprächspartner einig – die Präsenz oder Verankerung in den formellen Gremien nicht aus, um Entscheidungen effektiv beeinflussen zu können. Zentral ist die Beteiligung auf der vorgelagerten informellen Ebene, also dort, wo Entscheidungen vorstrukturiert und abgestimmt werden, und hierbei wird in der Tat die persönliche Reputation wesentlich bedeutsamer als formelle Beteiligungsrechte.

Die Akzeptanz der Gewerkschaften in industriepolitisch relevanten Aktivitäten jenseits dieses institutionell verankerten Kerns dagegen ist sehr unterschiedlich. Entwicklungsagenturen oder Technologieeinrichtungen, Cluster oder Innovationsnetzwerke sind immer häufiger organisatorisch aus der lokalen oder regionalen Wirtschaftsförderung ausgegliedert, Zugänge für die Gewerkschaften sind dort daher sehr begrenzt, wenn überhaupt, dann in den meisten Fällen individuell bzw. informell. Der Fall des Solar Valley in Halle/Magdeburg ist hierfür ein Beispiel.

Zweitens geht es um die Orte, an denen industriepolitische Strategien formuliert und umgesetzt werden. Um verbindlich zu werden, benötigen industriepolitische Strategien der formellen Legitimation, der entsprechenden Zuweisung von Ressourcen und einer gegenseitigen Verbindlichkeit. Die kommunale Ebene, die Stadt oder der Kreis bzw. Landkreis, ist in den meisten Fällen nicht die geeignete Ebene hierfür, da die industriellen Zusammenhänge unabhängig von den administrativen Grenzen organisiert sind. Von daher ist es kein Zufall, dass die regionalen Gewerkschaften seit den 1980er Jahren immer wieder eine regionale Zusammenarbeit bzw. regionale Gremien einfordern und immer wieder als Treiber einer regionalen Zusammenarbeit (exemplarisch hier das Beispiel Südostniedersachsen) agieren.

In industriepolitischer Hinsicht wie auch im breiteren Rahmen der Strukturpolitik hat, nach der Renaissance der regionalen Ebene in den 1980er und 1990er Jahren, in den vergangenen Jahren mit der Ausrichtung der Strukturpolitik auf Cluster und Technologienetzwerke ein Bedeutungsverlust regionaler strukturpolitischer Runden oder Konsensgremien stattgefunden.

Auch in politisch-administrativer Hinsicht haben sich die Rahmenbedingungen verschlechtert. In NRW etwa wurde die regionalisierte Strukturpolitik mit den Regionalkonferenzen als strukturpolitischen Handlungsrahmen aufgegeben, in Niedersachsen und Rheinland-Pfalz wurden die Bezirksregierungen aufgelöst.

In den industriepolitischen Positionen des DGB Dortmund-Hellweg von 2011 wird dann auch konsequent eine Rückkehr zur regionalisierten Strukturpolitik gefordert: „Für die DGB-Region Dortmund-Hellweg ist die Rückkehr zur regionalisierten Strukturpolitik erforderlich. Durch die Aushandlungsprozesse der regionalen Akteure werden nicht nur die Experten vor Ort gemeinsam im Sinne der Region tätig, sondern es steigt auch die Akzeptanz in der Bevölkerung." (DGB 2011: 7).

Von daher geht es bei der Umsetzung regionaler Industriepolitik immer auch um die Frage nach dem formellen Handlungsrahmen. In mehreren Fällen wurde in den Fallstudien die Metropolregion als ein Ort für die Initiierung industriepolitischer Aktivitäten genannt:

- In Nürnberg war für einige Jahre eine intensive und aktiv von den Gewerkschaften getragene industriepolitische Diskussion zu beobachten, die auch durch wissenschaftliche Begleitung unterstützt wurde. Aktuell scheint aber Ernüchterung eingetreten zu sein.

- In Hannover wurde die Metropolregion von der IG Metall als Rahmen für die Bewerbung für das Schaufensterprojekt Elektromobilität genutzt und damit die Hülle der Metropolregion erstmalig mit Inhalt gefüllt.

- In Hamburg und Bremen werden die industriepolitischen Aktivitäten im Rahmen der Metropolregionen von den Gesprächspartnern eher skeptisch eingeschätzt, in Berlin-Brandenburg gibt es industriepolitisch relevante Kooperationen unabhängig von der Metropolregion.

Allerdings bleibt ungeachtet der Bedeutung der regionalen Verankerung die kommunale Ebene in vielen Fällen bedeutsam. In größeren Städten, in denen sich die zentralen Akteure mehrmals täglich (Dortmund) oder mehrmals wöchentlich (Trier) treffen, ist eine institutionelle Dichte vorhanden. Auch Städte an der Peripherie von Metropolregionen - in unseren Fällen Bremerhaven und Erlangen - bevorzugen wenn möglich eine lokale Lösung unabhängig von den Metropolregionen, da hier die spezifischen Probleme besser zur Geltung kommen und die Netzwerke hier dichter und auch verbindlicher sind als im größeren Rahmen der Metropolregion. Dies wird etwa auch am Beispiel Frankfurt deutlich, wo angesichts der spezifischen Voraussetzung eine industriepolitische Strategie zunächst auf lokaler Ebene angestrebt wurde, die regionale Zusammenarbeit dann den nächsten Schritt darstellen soll.

Am schwierigsten ist die Umsetzung regionaler industriepolitischer Strategien dort, wo die Ressourcen nicht ausreichen, um alle formellen Möglichkeiten zu nutzen. Ein Beispiel hierfür ist die IG Metall Verwaltungsstelle Hildesheim, in der eine kleinräumige administrative Struktur und eine geringe und rückläufige Beteiligungskultur zusammenkommen. Die Verwaltungsstellen wurden um das Jahr 2008 herum in Niedersachsen neu organisiert, Hameln und Hildesheim sowie der nördliche Teil von Alfeld wurden zusammengefasst. Wurzeln regionaler Eitelkeiten finden sich noch immer, werden aber momentan abgebaut.

So ist der örtliche erste Bevollmächtigte der IG Metall etwa bei der Wirtschaftsförderung Hildesheim (auf dem Ticket des DGB) vertreten, aber für eine echte Mitarbeit fehlen letztendlich schon die zeitlichen Ressourcen. Eine kontinuierliche Beteiligung an den zerstreuten lokalen Aktivitäten ist damit genauso wenig möglich wie die Übernahme einer Rolle als treibende Kraft.

Interessanterweise stellen sich ähnliche Probleme in großen Agglomerationen, wobei hier Berlin als Beispiel stehen kann. Dies betrifft zum einen die begrenzten Ressourcen für die aktive Mitarbeit in Gremien. So weist etwa der Steuerungskreis des industriepolitischen Masterplans (siehe Kapitel 5) einen ausdifferenzierten Unterbau auf, der von einem Gesprächspartner als „institutionelle Überkomplexität und als Fluch der guten Tat" bezeichnet wurde. Für den DGB ergibt sich die Situation, dass die Arbeitskreise auf verschiedenen hierarchischen Ebenen arbeiten, der DGB aber über diese Ausdifferenzierung dieser Ebenen nicht verfügt. Von daher ist der DGB-Vertreter teilweise in den AGs auf allen drei Ebenen präsent. Mittlerweile besteht eine Arbeitsteilung mit der IGM Verwaltungsstelle.

Zum anderen sind die ausdifferenzierten administrativen Grundlagen betroffen. Die DGB Region in Berlin bezieht sich vor allem auf die 12 Bezirke der Stadt Ehrenamtliche Kreisvertreter waren zur Zeit der Fallstudie (2014) nur in vier der zwölf Bezirke zu finden. Wichtigstes Arbeitsfeld sind die Bezirke, die unter anderem eine eigene (durchaus untereinander konkurrierende) Wirtschaftsförderung besitzen. Weiterhin sind die Bezirke für die Umsetzung zentral. Rund zwei Drittel der öffentlichen Aufträge werden von den Bezirken vergeben, eine Kontrolle der vom Senat beschlossenen Vergabebedingungen findet nicht statt. Weiterhin ist in den Bezirken und gerade auch bei der Wirtschaftsförderung ein verstärkter Personalabbau sowie eine gewisse Zentralisierung zu beobachten gewesen. In der Folge wurden die besten Fachkräfte aus den Bezirken abgeworben (Land, Bund, Berlin Partner als zentrale Wirtschaftsförderung).

Für den DGB besteht die Herausforderung, die Kreisverbände mit den Ehrenamtlichen so aufzustellen, dass sie ihre Aufgaben wahrnehmen können. Das Ziel ist es, Berufstätige als Ehrenamtliche zu gewinnen, was aber zur Folge hat, dass diese die Aufgaben außerhalb ihrer Arbeitszeit wahrnehmen müssen, an Gremienterminen daher nicht immer teilnehmen können.

Abbildung 21: Arbeitnehmerkammern, Technologieberatungsstellen und Kooperationsstellen

Quelle: eigene Zusammenstellung

Eine auch von anderen Gesprächspartnern als vorbildlich hervorgehobene Möglichkeit trotz begrenzter Ressourcen Netzwerke und informellen Austausch aktiv zu gestalten sind die seit einigen Jahren in der DGB Region Schleswig-Holstein Nordwest durchgeführten Flurgespräche. In der Ankündigung heißt es: „...dabei geht es nicht etwa um Schluderei im Treppenhaus, sondern um Kennenlernen und Meinungsaustausch, um Streitbares und Versöhnliches" (www.sh-nordwest.dgb.de/themen/++co++88da5fe2-66a7-11e1-4bc1-00188b4dc422).

Das Ziel ist es, den Dialog zwischen Gewerkschaftssekretären und Betriebsräten, Wirtschaftsförderern, Kammern, Lokalpolitikern usw. zu ermöglichen und hierfür einen informellen Rahmen zu geben, gleichzeitig aber auch zentrale gewerkschaftliche Themen auf die regionale Agenda zu setzen. Die Flurgespräche finden an unterschiedlichen Orten statt (Husum, Flensburg, Itzehoe, Husum, Heide, Schleswig) und thematisieren sowohl allgemeine politische Themen etwa im Vorfeld von Kommunal- oder Landtagswahlen wie auch gewerkschaftspolitisch zentrale Fragen. Zu diesen gehörten in den vergangenen Jahren die für die industriepolitische Entwicklung der Region besonders wichtige Frage der Rolle von Windenergie im Rahmen der Energiewende, aber auch Themen wie Arbeitsrecht, Leiharbeit, Werkverträge oder Mitbestimmung.

Abschließend ist vor dem Hintergrund begrenzter Ressourcen auf das unterstützende Umfeld einzugehen. Für die regionalen industriepolitischen Aktivitäten spielen auch die Verbindungen mit unterstützenden Akteuren eine wesentliche Rolle. Gerade langfristige und weitreichende industriepolitische Aktivitäten erfordern zusätzliche Ressourcen, sowohl fachliche wie auch solche, die den Koordinierungsaufwand betreffen. Diese zusätzlichen Ressourcen speisen sich aus sehr unterschiedlichen Quellen:

- in Bremen und im Saarland übernehmen die Arbeitnehmerkammern immer wieder unterstützende Funktionen (in Thüringen wurde der Aufbau einer derartigen Kammer diskutiert, die Umsetzung ist noch nicht geklärt);
- abgesehen von den süddeutschen Bundesländern finden sich immer wieder die gewerkschaftlichen Technologieberatungsstellen als unterstützende Akteure,
- das Gleiche gilt für die gewerkschaftlichen Kooperationsstellen an den Hochschulen,
- „Arbeit und Leben" als gemeinsame Einrichtung der politischen Jugend- und Erwachsenenbildung des DGB und der Volkshochschulen

mit 160 lokalen und regionalen Einrichtungen übernimmt in verschiedenen Regionen die Trägerschaft für Projekte etwa aus dem ESF, die die regionalen Einheiten überfordern würden,

- in einzelnen Fallstudien wurde die gewerkschaftliche Strategie durch ein Projekt der Hans-Böckler-Stiftung (Berlin, Küste, Metropolregion Nürnberg) unterstützt,

- in einzelnen regionalen Einheiten (Wolfsburg, Erlangen, Cottbus, Ulm) wurden Personen befristet zur Unterstützung bzw. Koordination der strukturpolitischen Aktivitäten eingestellt,

- gewerkschaftsnahe Unternehmensberater und Hochschuleinrichtungen sind im Rahmen von Hintergrundstudien immer wieder an regionalen industriepolitischen Aktivitäten beteiligt,

- Hintergrundgespräche mit einzelnen Wissenschaftlern werden genutzt, um die eigenen Aktivitäten zu reflektieren.

6.4   Der politische Kontext – Renaissance der Industriepolitik?

Es wurde bereits mehrfach darauf hingewiesen, dass regionale Industriepolitik nicht im luftleeren Raum agiert, sondern in einen mehrere Ebenen umfassenden politischen Kontext eingebunden ist. Die Möglichkeiten einer regionalen Industriepolitik sind damit nicht nur mit dem institutionellen Rahmen der Region als politische Handlungsebene eingebunden, sondern auch mit dem programmatischen und institutionellen Rahmen. Ein solcher Rahmen kann regionale Industriepolitik in einen über die Region hinaus wirksamen Kontext einbinden, er kann strategische Impulse geben und die Offenheit anderer Akteure für industriepolitische Initiativen erweitern oder auch institutionelle Zugänge und Ressourcen zur Verfügung stellen.

Bis in die zweite Hälfte der 00er Jahre war, wie eingangs ausgeführt, Industriepolitik kein nennenswertes wirtschaftspolitisches Thema. Auf High-Tech ausgerichtete Innovationspolitik, Wissens- und Kreativwirtschaft, Gesundheitswirtschaft oder wachsende Tertiärisierung der Wirtschaft waren die zentralen Themen.

In dieser Beziehung sind in den vergangenen Jahren deutliche Veränderungen zu beobachten, die sich zumindest teilweise auf die Wirtschaftskrise 2008/9 und die Rolle der Gewerkschaften während des Krisenmanagements zurückführen lassen. Dörre/Schmalz (2013: 13) schrieben in ihrer Einleitung zum Thema Comeback der Gewerkschaften: „Oftmals als Dinosaurier des Industriezeitalters totgesagt, stehen die deutschen Gewerkschaften so gut da wie schon lange nicht mehr. Lohnforderungen finden Unterstützung in den Medien. Beim gesetzlichen Mindestlohn war das Agenda-Setting erfolgreich. Einige Einzelgewerkschaften, darunter mit IG Metall und in jüngster Zeit auch ver.di die beiden größten, verzeichnen Mitgliederzuwächse und im gewerkschaftsfernen Osten werden Interessenvertretungen gewählt, die lange Zeit als uneinnehmbare Festungen galten. All dies zeigt: die Gewerkschaften sind zurück - im Betrieb, in der Tarifebene und auch im politischen Geschäft."

Dies hat Konsequenzen gerade auch für die Industriepolitik. Lemb (2015) spricht von einem Paradigmenwechsel sowohl in den europäischen Ländern wie auch bei der europäischen Kommission, die in der Industrie (wieder) eine Schlüsselrolle für wirtschaftliche Stabilität sieht.

Auf der programmatischen Ebene ist innerhalb der EU die strategische Bedeutung der Industrie nach der Krise 2008/9 mittlerweile anerkannt. In den Mitteilungen für eine integrierte Industriepolitik der EU-Kommission (2010) wird auf die Finanz- und Wirtschaftskrise hingewiesen, die „wieder einmal das Bewusstsein dafür geschärft (hat), dass es für unsere Wettbewerbsfähigkeit und unser Potenzial zur Schaffung von Arbeitsplätzen unerlässlich ist, über eine starke, wettbewerbsfähige und breitgefächerte Wertschöpfungskette im verarbeitenden Gewerbe zu verfügen" (3). Entsprechend werden Maßnahmen für die Förderung der Industrie vorgesehen, allerdings wird auch auf die Bedeutung anderer wirtschaftlicher Branchen hingewiesen und es wird ein Bezug bei der Rolle der Industrie zur Bewältigung gesellschaftlicher Herausforderungen – ein Aspekt auf den wir abschließend zurückkommen werden – hingewiesen.

Das Maßnahmenbündel ist auf den ersten Blick breit. Es enthält einen Plan für ein über 300 Milliarden Euro umfassendes Investitionsprogramm (Juncker-Plan), die Förderung industrieller Technologien im Rahmen von Horizon 2020, die forcierte Umsetzung der Digitalisierung (digitale Agenda), die Umsetzung der energiepolitischen Ziele (Energieunion), aber auch umstrittene Ziele wie Handelsverträge (TTIP) und Bürokratieabbau (Refit). Mitbestimmung und Qualifikation sind keine expliziten Themen.

Für die regionale Ebene sind die Maßnahmen im Rahmen des europäischen Strukturfonds (EFRE) und des europäischen Sozialfonds von wesentlicher Bedeutung. Um dies an einem Beispiel zu veranschaulichen: Im Rahmen eines Gutachtens für die Berliner Senatsverwaltung zur industriepolitischen Dimension des EFRE (Untied u.a. 2011) wurde herausgearbeitet, dass knapp ein Drittel der EFRE Förderung für direkte Industrieförderung verwendet wurde. Allerdings ergab sich ein anderes Bild, wenn die Empfänger betrachtet werden: dann gingen 11 Prozent der Mittel in die direkte Industrieförderung (Investitions- und Innovationsförderung), 38 Prozent entfielen auf die Unternehmensförderung insgesamt. Dies entspricht zwar dem Anteil der regionalen Industrie an den Beschäftigten insgesamt, wird aber – so das Fazit - der strategischen Bedeutung der Industrie nicht gerecht.

Übersicht 6: Kriterien für „Gute Arbeit" im Rahmen der Gemeinschaftsaufgabe „Verbesserung der regionalen Wirtschaftsstruktur"

	Thü-ringen	Berlin	Bran-denburg	Sachsen-Anhalt	Mecklen-burg-Vorpom-mern
Leiharbeitsquote	X	X	X		
Keine Förderung prekärer Arbeits-plätze	X			X	
Mindestlohn					X
Tarifbindung	X		X	X	X
Lohnuntergrenze	(X)	X	X		X
Qualitätssiche-rung	X		X	X	X
Übernahme von Auszubildenden				X	
Vereinbarung von Familie und Beruf					X
FuE-Intensität	X	X	X	X	
Energieeffizienz	X	X	X	X	X

Quelle: eigene Zusammenstellung nach Voß 2013:25ff

Die Einbindung in die Umsetzung der europäischen Programme wird von den Gesprächspartnern in erster Linie als Aufgabe des DGB und nicht als Aufgabe der Mitgliedergewerkschaften gesehen. Zum einen betrifft es das Partnerschaftsprinzip, das in den vergangenen Jahren ausgebaut wurde. DGB Vertreter, auch aus den Regionen, sind in den Begleitausschüssen der operationellen Programme der Bundesländer und des Bundes vertreten. In den neuen Bundesländern und in Lüneburg finden sich gewerkschaftliche Koordinationsstellen im Rahmen der europäischen Strukturpolitik. Generell scheint die Diskussion um die Ausgestaltung der europäischen Politik aber die regionalen Einheiten zu überfordern und spielt in den Regionen, so auch in unseren Fallstudien, bestenfalls eine nachgeordnete Rolle. Seitens der Gewerkschaften wird von den europäischen Fonds überwiegend der ESF mit seinen arbeits- und qualifikationspolitischen Instrumenten genutzt.

Bei den strukturpolitischen Programmen, nicht nur der EU, sind nicht nur die direkten Fördermöglichkeiten, sondern vor allem auch die Rahmenbedingungen für die Vergabe von Fördermitteln von Interesse. Hier haben aufgrund der immer wieder zu beobachtenden Probleme mit Qualität und Nachhaltigkeit der geförderten Arbeitsplätze die neuen Bundesländer eine Vorreiterrolle eingenommen. So hat Voß (2013) in einer Expertise untersucht, inwieweit in den letzten Jahren Aspekte guter Arbeit im Rahmen der Gemeinschaftsaufgabe „Verbesserung der regionalen Wirtschaftsstruktur" verbindlich wurden (siehe Übersicht 6) und gezeigt, dass hier ein erheblicher, und lange Zeit auch in anderen Bundesländern bisher nicht genutzter Handlungsspielraum besteht.

Allerdings erweist sich bisher die Umsetzung derartiger Vergabebedingungen in der regionalen Strukturpolitik der EU als weitaus schwieriger als bei der Gemeinschaftsaufgabe und hängt zudem stark von der parteipolitischen Ausrichtung der jeweiligen Landesregierung ab (Voß 2013 29ff).

Schließlich ist neben der Ebene der EU und der Landesregierungen (hierzu siehe die Beiträge in Lemb 2016) auch die Bundespolitik als Rahmen für regionale Industriepolitik anzumerken. Die Bundesregierung hat 2010 erstmals ein industriepolitisches Konzept vorgelegt, das allerdings keine neuen Instrumente enthielt, sondern weiterhin vor allem auf Rahmenbedingungen und Unternehmensgründungen setzte. Erst 2014 wurden in einem informellen Papier neue industriepolitische Impulse gesetzt. Für die Gewerkschaften war insbesondere die Ankündigung von Branchendialogen zentral, da damit ein Zugang zu den spezifischen Problemen industrieller Branchen geschaffen wurde. Weiterhin wurden mit Industrie 4.0, Elektromobilität und der Grundstoffindustrie drei industriepolitische Schlüsselprojekte aufgelegt, bei denen die Gewerkschaften sowohl im Steuerungskreis wie auch in den Umsetzungsprojekten, etwa bei der Elektromobilität, beteiligt waren (vgl. den Überblick bei Gerlach/Ziegler 2014).

Für die weiteren strategischen industriepolitischen Aktivitäten bildet das 2015 auf Initiative des Bundeswirtschaftsministeriums, der IG Metall und des Bundesverbandes der Deutschen Industrie ins Leben gerufene Bündnis

Zukunft der Industrie" als Plattform zur Stärkung des Industriestandorts Deutschland von zentraler Bedeutung (http://www.bmwi.de/DE/Themen/Industrie/buendnis-zu-kunft-der-industrie.html). Die 15 Partner setzen sich neben dem Bundeswirtschaftsministerium aus Gewerkschaften und Arbeitgeberverbänden zusammen. „Ziel dieser gemeinsamen, konzertierten Aktion ist es, im Dreiklang aus Politik, Unternehmensverbänden und Gewerkschaften konkrete Verabredungen zu treffen und prioritäre Maßnahmen zu entwickeln, um die industrielle Wettbewerbsfähigkeit in Deutschland zu stärken". Eingerichtet wurden 15 Arbeitsgruppen mit den Themenschwerpunkten Akzeptanz - Attraktive Industrie, Investitionsstarke Industrie, Zukunft der Arbeit in Industrie und industrienahen Dienstleistungen, Wertschöpfungsstrukturen der Zukunft und Internationale Wettbewerbsfähigkeit der deutschen Industrie.

7 Perspektiven einer regionalen arbeitsorientierten Industriepolitik

Die Ausgangsfrage unseres Projekts bezog sich auf eine neue Dynamik regionaler Industriepolitik seitens der Gewerkschaften in Folge der Wirtschafts- und Finanzkrise 2008/9. Grob vereinfacht lässt sich festhalten, dass regionale Industriepolitik seit dieser Zeit von wesentlich günstigeren Rahmenbedingungen als in den Jahren zuvor geprägt ist. Weiterhin wurde ein breites Spektrum regionaler industriepolitischer Aktivitäten deutlich. Dabei ist wichtig, dass regionale Industriepolitik keinesfalls immer spektakulär ist, sondern sich in alltäglichen Auseinandersetzungen um Arbeitsplätze und Rahmenbedingungen manifestiert. Festzuhalten ist auch, dass es sich bei industriepolitischen Strategien um Perspektiven einer regionalen arbeitsorientierten längerfristi¬gen Entwicklung handelt, die nur in einzelnen Fällen unmittelbar auf die Krisenerfahrung zurückzuführen sind.

In diesem letzten Kapitel soll der Stand von und die Herausforderungen an regionale Industriepolitik resümierend betrachtet werden. Als Ausgangspunkt wählen wir einen Vergleich zwischen der ersten Phase regionaler Industriepolitik der Gewerkschaften in den 1980er Jahren (siehe Kap. 3) und den Initiativen in dem untersuchten Zeitraum. Hierauf aufbauend lassen sich Stärken und Schwächen regionaler industriepolitischer Initiativen herausarbeiten. Weiterhin werden danach die Herausforderungen an gewerkschaftliche regionale Industriepolitik betrachtet. Hierbei erscheint es sinnvoll, noch einmal auf die in Kap. 2.2. dargestellte industriepolitische Typologie zurückzugreifen, wobei vor allem die jüngsten Entwicklungen als Herausforderungen von Interesse sind um abschließend zu fragen, welche inhaltlichen und strategischen Konsequenzen sich hieraus ergeben.

Die 1980er Jahre waren von dem Übergang zu einem postfordistischen Wachstumsmodell geprägt, in dessen Rahmen eine Veränderung der technologischen und organisatorischen Basis von Produktion stattgefunden hat und regionale Vernetzungen eine steigende Bedeutung gewonnen haben. Diese Veränderungen in der Wirtschaftsstruktur haben sich industriepolitisch vor allem in der Ausweitung zunächst der Technologiepolitik und später der Clusterpolitik manifestiert.

Im Gegensatz dazu wurde die Krise 2008/09 nicht in erster Linie als industrieller Strukturbruch interpretiert. Im Gegenteil: Zum einen wurde sie durch die durchaus effektiven Krisenbewältigungsmechanismen von einer

Finanz- und Wirtschaftskrise zu einer Staatskrise vor allem der südeuropäischen Länder, letztlich auch zu einer europäischen Krise uminterpretiert. Zum anderen wurde das industrielle Entwicklungsmodell nicht in Frage gestellt, sondern aufgewertet: die Industrie, vor allem auch die Exportindustrie gilt als Folge des Krisenverlaufs als für den wirtschaftlichen Erfolg unverzichtbarer Faktor.

Dies heißt nicht, dass sich keine Herausforderungen stellen. Mit der Digitalisierung der Produktion (Industrie 4.0) und der energetischen Transformation (Energiewende) sind zwei die jüngste Diskussion um die Zukunft der Industrie bestimmende Faktoren auf der Agenda. Diese Herausforderungen sind allerdings nicht Folge der Krisenwahrnehmung, sondern waren bereits vorher auf der Agenda, haben durch die erneute Wertschätzung der Industrie eine neue Dynamik gewonnen.

Allerdings haben sich die Voraussetzungen aufgrund der Veränderungen in der industriellen Struktur verändert, auch dies setzte bereits lange vor der Krise ein. Wertschöpfungsketten positionieren sich neu, betriebliche Beschäftigungsverhältnisse differenzieren sich aus (Leiharbeit, Werkverträge, Zulieferer übernehmen Funktionen unmittelbar im Betrieb), die Eigentumsverhältnisse werden globaler, regionale Bindungen schwächen sich damit weiter ab.

In das sich bereits seit Jahren neu ordnende Zusammenspiel zwischen industrieller Produktion und Dienstleistungen hat ein dritter Wirtschaftsbereich eingegriffen, die Digitalisierung. Die neue Rolle der Informationstechnik beschränkt sich nicht mehr darauf, Treiber von (oft hinter den Erwartungen zurückbleibender) Produktivität zu sein, sondern informationstechnische Funktionen nehmen eine neue Rolle in den Feldern von Vermarktung und Vernetzung ein. Sie beanspruchen damit einen zunehmend großen Anteil an der Wertschöpfung und setzen zu diesem Zweck bisherige Standards von arbeits- und industriepolitischer Regulierung unter Druck.

Diese Herausforderungen finden sich auch in der Programmatik des Bundes und der EU. Digitalisierung ist bereits seit der Lissabon Strategie ein Leitthema der EU, Elektromobilität und Energiewende sind weitere Schlüsselthemen in der Diskussion um die Zukunft der Industrie. Die genannten Themen sind auch wesentliche Aspekte in der Industriepolitik des Bundes, ohne dass damit bisher umfangreiche instrumentelle Konsequenzen gezogen wurden. Industriepolitik der EU und des Bundes ist noch immer überwiegend Technologiepolitik.

Dennoch besteht der Eindruck, dass das seit drei Dekaden die Industriepolitik prägende technologiepolitische Innovationsparadigma ins Wanken gerät. Neue Konzepte sind auf der Agenda: die Erweiterung der Triple Helix zur Quadrupel Helix, die Orientierung an Leitmärkten, die Bedeutung von sozialen Innovationen, in diesem Kontext implizit und bisher eher vernachlässigt auch die Rolle von Arbeits(platz)innovationen.

In strategischer Hinsicht steht die Anforderung im politischen Raum, industriepolitische Aktivitäten mit ihrem Beitrag zur Lösung gesellschaftlicher Herausforderungen zu positionieren. Bei der Elektromobilität ist dies offensichtlich, bei der Energiewende sind die Unternehmen – insbesondere auch der Chemischen Industrie – seit Jahren dabei, die zentrale Rolle der Industrie für die Lösung von Energie- und Ressourcenproblemen deutlich zu machen.

Die weitere für die regionale Industriepolitik wesentliche politische Änderung betrifft eine Wiederentdeckung der Region als Handlungsebene. Mit dem Übergang zur Clusterpolitik war die Region als strukturpolitischer Handlungsraum zugunsten einer Orientierung an Technologien oder Sektoren als politische Handlungsebene in den Hintergrund getreten. Hier ist seit einigen Jahren eine Neubewertung erkennbar. Industrie- und strukturpolitische Probleme und Herausforderungen manifestieren sich vor Ort. Eine Integration politischer Handlungsfelder ist ungeachtet aller Schwierigkeiten vor Ort noch immer am aussichtsreichsten, da die wirtschaftlichen Verschiebungen zu einer Differenzierung der wirtschaftlichen Strukturen wie auch der Lebenslagen beigetragen haben.

Angesichts der differenzierten regionalen Ausgangslage sind einheitliche zentralstaatliche Lösungen immer weniger Erfolg versprechend. Auch hier ist die Diskussion im Fluss: auf der europäischen Ebene stehen Konzepte wie „Place-based policy" oder „smart specialisation" für diese Neubewertung, auf der Bundesebene ist dies die Diskussion um die Neuausrichtung der Gemeinschaftsaufgabe zur Verbesserung der regionalen Wirtschaftsstruktur, die wiederum in enger Verbindung mit der Neuordnung des Länderfinanzausgleichs steht.

Konzeptionell sind die Gewerkschaften auf den ersten Blick auf diese neuen Herausforderungen vorbereitet. Die Frage nach der gesellschaftlichen Nützlichkeit industrieller Produktion ist ein Schlüsselelement der regionalen industriepolitischen Initiativen der Gewerkschaften seit den 1980er Jahren. Die Forderung nach einer engeren und institutionell verankerten regionalen Kooperation war ein wesentliches Element vor allem in den 1990er Jahren, steht auch heute noch immer wieder auf der Agenda. In spezifisch industriepolitischer Hinsicht ist innovationspolitische Zusammenarbeit durch regionale Netzwerke bis heute eines der zentralen regionalen industriepolitischen Handlungsfelder der Gewerkschaften. Integrierte industriepolitische Strategien vor allem auch in enger Verbindung mit Kompetenzentwicklung und Qualifizierung sind von den Gewerkschaften wesentlich initiiert und mitgetragen worden und mit Kampagnen wie „Besser statt billiger" oder „Gute Arbeit" stehen immer stärker auch qualitative Aspekte industrieller Beschäftigung im Mittelpunkt.

Weitgehend verloren gegangen ist die breitere gesellschaftliche Einbindung regionaler industrie- und strukturpolitischer Strategien. Ernüchterung ist eingetreten bei der Hoffnung, Unternehmen verbindlich in derartig umfassende regionale Modernisierungsstrategien einbinden zu können. Industriepolitik als ein zentrales Element einer umfassenden regionalen Modernisierungspolitik in Verbindung mit der Gestaltung von Lebenslagen innerhalb und außerhalb der Arbeit sowie im Rahmen eines umfassenden Innovationskonzepts zu konzipieren und umzusetzen bleibt eine zentrale strategische Herausforderung.

Wenn die Gewerkschaften trotz dieser konzeptionellen Voraussetzungen von den mit der neuen Bewertung der Industrie verbundenen Anforderungen dennoch nach wiederholten Aussagen der Gesprächspartner in den Fallstudien überrascht wurden, dann hängt dies eng mit den organisatorischen Voraussetzungen zusammen. Auf der einen Seite hat sich gewerkschaftliche Arbeit in den vergangenen Jahren erheblich professionalisiert (vgl. z.B. IG Metall 2009). Kontinuierliche Schulung, Traineeprogramme, Coaching, Management des Übergangs beim Wechseln leitender Funktionen, Projektorientierung, teilweise Auslagerung von standardisierten Funktionen, klare Kernfunktionen und Zielsetzungen oder auch die Zusammenlegung regionaler Einheiten sind in bei den einzelnen Gewerkschaften in unterschiedlicher Art und Weise üblich und haben wesentlich zur oben angesprochenen Renaissance der Gewerkschaften beigetragen.

Allerdings ist diese Professionalisierung auch eine Fokussierung auf die gewerkschaftlichen Kernbereiche und auf der anderen Seite sind im Rahmen dieser Professionalisierung andere und auch die hier im Mittelpunkt stehenden regionalen Aktivtäten in den Hintergrund geraten (siehe ähnlich auch Pixa 2011: 168). Regionale Industriepolitik gehört zumindest bei den Mitgliedergewerkschaften nicht (mehr) zu den Kernaufgaben und auch auf der Landesebene sind die struktur- oder industriepolitischen Sekretäre nach Aussagen in unseren Gesprächen (siehe 2.2.) immer wieder in betriebliche und tarifpolitische Aufgaben, oft auch in Form von Krisenmanagement eingebunden. Dass sich in dieser Beziehung Änderungen in Richtung einer erhöhten Wertschätzung der regionalen Ebene als industriepolitischer Handlungsrahmen vollzogen haben, wurde oben dargestellt. Hierbei haben sich allerdings die organisatorischen Rahmenbedingungen geändert. Beim

DGB ist zum Beispiel die regionale Ebene seit einigen Jahren ehrenamtlich organisiert. Dies eröffnet zwar wie dargestellt Möglichkeiten der Zusammenarbeit zwischen Gewerkschaften, es fehlen aber die Ressourcen, um sich effektiv und dauerhaft in regionale Entwicklungsstrategien einzubringen.

Vor diesem Hintergrund ist es keineswegs selbstverständlich, dass sich regionale Industriepolitik, wie unsere Fallstudien zeigen, auf das alltägliche Geschäft in Ausschüssen und Gremien konzentriert. Darüber hinaus gibt es immer wieder erfolgreiche Beispiele für langfristig angelegte Strategien vor allem zur Entwicklung industriepolitischer Handlungsrahmen und auch immer wieder Initiativen, die betriebliche Krisensituationen in ein regionales Handlungskonzept transferieren und umfassende Lösungen unter Einbezug einer Vielzahl regionaler Akteure initiieren.

Wie gezeigt, hatten derartige Aktivitäten einen jahrelangen Vorlauf, sind nur in Ausnahmefällen auf die veränderten Rahmenbedingungen als Folge der Krise zurückzuführen. Um die ausbleibende breite Dynamik gewerkschaftlicher industriepolitischer Initiativen zu verstehen, sind weitere Aspekte zu berücksichtigen. Zunächst ist festzuhalten, dass in fast allen Regionen die Gewerkschaften in das Krisenmanagement eingebunden waren, immer wieder die treibende Kraft darstellten. Die Nutzung der arbeitspolitischen Instrumente (vor allem Kurzarbeit und Qualifizierung), um die Beschäftigten und deren Kompetenz in den Betrieben zu halten, sowie die unterschiedlichen Aktivitäten zur Überwindung von krisenbedingten Finanzierungsengpässen vor allem von kleinen und mittleren Betrieben, haben zusammen mit den Konjunkturprogrammen des Bundes dazu beigetragen, dass sich die Krise nicht massiv auf der regionalen Ebene manifestiert hat. Regionale Industriepolitik, das wird hier noch einmal deutlich, ist immer und in erster Linie auch Alltagsgeschäft, nicht spektakulär.

Vor diesem Hintergrund lassen sich die Stärken, Schwächen, Chancen und Herausforderungen einer regionalen Industriepolitik zusammenfassen und durch weitere im Rahmen der Fallstudien genannte - und in den vorhergehenden Kapiteln ausgeführte - Aspekte ergänzen.

Zunächst die Stärken. Regionale gewerkschaftliche Industriepolitik weist eine lange zurückreichende Tradition auf, in der ein breites Spektrum an Instrumenten, Strategien und Modellen enthalten ist. In verschiedenen Regionen hat sich diese Erfahrung in formellen Beteiligungsstrukturen wie auch in informellen Netzwerken verstetigt. Hinzu kommen die formellen Beteiligungsstrukturen: im Rahmen der Arbeitsmarkt- und Ausbildungspolitik, im Rahmen von Strukturpolitik und Partnerschaft, regional sehr unterschiedlich im Rahmen von Technologiepolitik. In diesem institutionellen Rahmen weisen die Gewerkschaften vor allem drei zentrale Stärken auf.

Übersicht 7: Stärken und Schwächen

Stärken	*Schwächen*
• Erfahrungen mit Instrumenten und Strategien regionaler Industriepolitik • Betriebliches und Branchenwissen • vor allem der Betriebsräte • Überbetriebliche Perspektive • Regionale Orientierung, keine Bindung • an administrative Grenzen • Formelle Beteiligung in regionalen Gremien	• Geringe Ressourcen • Industriepolitik keine Priorität auf regionaler • Ebene • Unterschiedliche Strategien und Zuschnitte der vor Ort präsenten Gewerkschaften • Langfristige Präsenz in regionalen Projekten nur begrenzt möglich • Mangelnde Sichtbarkeit
Chancen	*Herausforderungen*
• Gesteigertes Interesse an Industriepolitik • Aufwertung des Faktors Arbeitskraft • Verändertes Innovationsverständnis • Generationswechsel	• Rolle der Industrie klar positionieren • Einheitliche Positionen auf regionaler • Ebene ausloten • Unterstützende Struktur neu organisieren • Regionale Arbeitsteilung neu strukturieren

Erstens haben sie über die Betriebsräte ein betriebliches und ein Branchenwissen, über das ansonsten kein regionaler Akteur verfügt. Der direkte Zugang zu dieser Wissensbasis ermöglicht es, Trends wie auch Risiken früh zu erkennen und diese in den regionalen Diskurs gestaltend einzubringen. Diese Stärke wird daran erkennbar, dass in der großen Zahl der Fallstudien Betriebsrätekonferenzen am Anfang regionaler Initiativen standen. Zweitens verfügen sie durch die betriebliche Mitbestimmung über einen Zugang zu den Unternehmensleitungen und durch die damit verbundenen Mitbestimmungsrechte auch über einen institutionellen Ansatz, Unternehmen einzubinden. Dies ist nicht immer selbstverständlich und erfolgreich, bildet aber immer wieder eine Option, betriebliche und regionale Strategien zu verknüpfen. Drittens agieren die Gewerkschaften in einem eigenen, insbesondere bei den Mitgliedergewerkschaften in einem Rahmen, der nicht durch die administrativen Grenzen beschränkt ist. Dadurch scheinen sie eher als andere Akteure in der Lage zu sein, sich an funktionalen wirtschaftlichen Verflechtungen und nicht an administrativen Grenzen zu orientieren und eine derartige regionale Zusammenarbeit auch immer wieder erfolgreich einzufordern.

Die Schwächen liegen zunächst in den begrenzten Ressourcen. Dies betrifft sowohl die hauptamtliche personelle Präsenz vor Ort wie auch nachgeordnete Priorität in den gewerkschaftlichen Strategien insgesamt. Diese Schwäche wäre zwar theoretisch durch eine engere Zusammenarbeit zwischen den Gewerkschaften vor Ort zumindest teilweise auszugleichen, allerdings machen unterschiedliche räumliche Zuschnitte, unterschiedliche Arbeitsteilung in der jeweiligen Einzelgewerkschaft sowie unterschiedliche betriebs- und tarifpolitische Strategien und Interessenlagen eine Zusammenarbeit nicht einfach. Regionale Zusammenarbeit zwischen den Gewerkschaften findet statt, sie ist aber selektiv und stark von den jeweiligen regionalen Netzwerken geprägt.

Mit der begrenzten Ressourcenausstattung hängt eine weitere Schwäche zusammen, die Schwierigkeit, in breiten regionalen Projekten dauerhaft und verbindlich präsent zu sein. Dies zeigt sich vor allem bei den umfassenden industriepolitischen Strategien, wenn diesen ein ausdifferenzierter Unterbau an Arbeitskreisen und Gremien zugrunde liegt.

Schließlich ist die mangelnde Sichtbarkeit der Gewerkschaften bei der Initiierung industriepolitischer Aktivitäten zu nennen. Dies resultiert weniger aus der Organisationsstruktur als aus der Logik vernetzten regionalen Handelns. Regionale Projekte werden, auch wenn sie entscheidend von den Gewerkschaften initiiert und vorangetrieben wurden, von einem strategischen regionalen Netzwerk legitimiert und von nicht gewerkschaftlichen Akteuren wie Hochschullehrern, Clustermanagern, Wirtschaftsförderern usw. umgesetzt. Der gewerkschaftliche Einfluss ist nach erfolgreicher Umsetzung selten sichtbar. Dies zeigt sich etwa daran, dass ein Blick auf die Selbstdarstellung der unter 5.2 und 5.3 dargestellten gewerkschaftlichen Initiativen die Rolle der Gewerkschaften nicht erkennen lässt.

Ungeachtet der genannten Schwächen sind die Chancen für eine weitere Dynamik regionaler Industriepolitik gegeben. Dies liegt nicht nur daran,

123

dass nach der Krise die Industrie wieder im Fokus wirtschaftspolitischer Konzepte und Strategien steht. Dabei geht es nicht nur um die Industrie als Branche oder Kern einer Wertschöpfungskette sondern vor allem auch um die Bedeutung der Rolle von Arbeit bzw. der Qualität von Arbeit. Die Arbeit und Kompetenzen sichernde Form der Krisenbewältigung, die Einführung von arbeitspolitischen Standards in den Förderprogrammen vor allem der neuen Bundesländer, die Einführung des Mindestlohns, die wie immer auch fundierte Diskussion über künftige Fachkräfteknappheit bilden einen Rahmen, der arbeitsorientierte regionale industriepolitische Aktivitäten begünstigt. Hierbei gibt es auch Gegentendenzen insbesondere in der Frage nach der Umsetzung von Digitalisierung, aber die Aktivitäten in Zusammenhang mit it's OWL zeigen, dass hier ein bisher wenig genutztes Gestaltungspotenzial gerade auch auf der regionalen Ebene liegt.

Chancen bieten weiterhin die Diskussionen um neue Innovationskonzepte. Innovationspolitik war lange Zeit exklusiv von der Zusammenarbeit zwischen Wissenschaft, Wirtschaft und Politik konzipiert. Mit der Diskussion um die Öffnung der Innovationspolitik in Richtung gesellschaftliche Herausforderungen und/oder Leitmärkte wird die Akteurskonstellation breiter, womit sich auch für die Gewerkschaften neue Beteiligungsmöglichkeiten ergeben.

In einzelnen Gesprächen wurde geäußert, dass der sich momentan vollziehende Generationenwechsel eine Chance für neue regionale industriepolitische Zusammenarbeit bietet. Damit ist nicht nur die oben angesprochene Professionalisierung der Gewerkschaften gemeint, sondern auch ein Generationswechsel bei regionalen Netzwerkpartnern etwa aus der Wirtschaftsförderung und den Kammern in Richtung einer pragmatischen Problemlösungsorientierung, die nicht mehr an überholten Strategien wie Ansiedlungsförderung oder Ausbau der Verkehrsinfrastruktur fixiert ist.

Damit stellt sich die Frage, welche Herausforderungen sich stellen, um die genannten Chancen zu Nutzen. Einige Aspekte sind in den bisherigen Ausführungen bereits indirekt angesprochen worden. Hierzu gehören eine effektive Arbeitsteilung und eine gemeinsame Strategie der Gewerkschaften auf regionaler Ebene, wobei vor allem auch eine gestärkte Rolle ehrenamtlicher Tätigkeit von Bedeutung sein wird. Hilfreich wäre es auch, die Rolle regionaler Industriepolitik im gewerkschaftlichen Strategiespektrum klar zu fixieren.

Bezogen auf die Industriepolitik im engeren Sinne besteht eine zentrale Herausforderung darin, die Rolle der Industrie im Rahmen sich neu ordnender Wertschöpfungsketten zu positionieren, dies wurde in den Gesprächen immer wieder als eine der anstehenden Aufgaben genannt. Diese Herausforderung ist keineswegs trivial, da sich die zentralen gewerkschaftlichen Handlungsfelder am Betrieb und an Branchen orientieren, hier auch die zentralen institutionellen Einflussmöglichkeiten liegen. Insofern handelt es sich bei Wertschöpfungskette bisher eher um ein analytisches als um ein handlungsleitendes Konzept, das möglicherweise auf regionaler Ebene durch die dortigen Vernetzungen eher fassbar ist als in ihren zunehmend globalen Verflechtungen.

Generell ist es angesichts der differenzierten regionalen Problemlagen schwierig, einen einheitlichen Bezug für eine regionale Industriepolitik zu formulieren. Um dies zu verdeutlichen, kann noch einmal auf unsere oben (3.2.) vorgestellte Typologie von Industriepolitik zurückgegriffen werden.

Eine nachholende Industriepolitik steht in einem weiterhin industriell geprägten Land wie Deutschland nicht auf der Tagesordnung. Allerdings wird es im alltäglichen Geschäft und in Umbruchsituationen wie dem Aufbau Ost immer wieder darum gehen die Voraussetzungen für industrielle Produktion zu sichern. Flächennutzungskonflikte und Umweltkonflikte gehören wie oben gezeigt zum alltäglichen Geschäft gewerkschaftlicher industriepolitischer Akteure vor Ort, auch die Sicherung der Fachkräftebasis kann in diesem Zusammenhang genannt werden. In weiterer Perspektive geht es um die Akzeptanz und die Zukunftsfähigkeit von Industrie und Industriearbeit, die ungeachtet der generell gestiegenen Wertschätzung für Industrie in konkreten lokalen Auseinandersetzungen keineswegs immer vorausgesetzt werden kann.

Auch Restrukturierungspolitik ist seit Jahren in den Hintergrund geraten, damit aber ebenfalls nicht immer ohne Bedeutung. Allerdings ergeben sich immer wieder Situationen, in denen sich die Frage nach Übergängen stellt. Der stockende Aufbau der Offshore-Windindustrie an der Küste - hier am Beispiel Bremerhaven dargestellt - und die damit verbundene Notwendigkeit die künftig wichtigen Kompetenzen zu sichern ist ein Beispiel hierfür. Ein weiteres Beispiel ist die Frage nach der Zukunft der Solarenergie vor allem in den neuen Bundesländern. Auch im Ruhrgebiet stellt sich weiterhin die Frage nach einer Restrukturierung der traditionellen Energiekonzerne. Und am Beispiel Hildesheim wurde deutlich, dass in Zukunftsfeldern wie Elektromobilität Aktivitäten im Qualifizierungsbereich ihrer Zeit voraus sind, damit aber keineswegs irrelevant.

Kasten 6: Fragen an eine Industriepolitik der Zukunft

Für die Erarbeitung einer industriepolitischen Strategie ist es wichtig, mit den richtigen Fragen zu beginnen. Beispielhaft seien hier die Fragen gestellt, die sich die IG Metall Verwaltungsstelle Schweinfurt als Bezugspunkte für ihre Arbeit in den kommen Jahren gestellt hat.

„Industriepolitik für die Zukunft: drei Fragenkomplexe für den sozial-ökologischen Wandel

1. Produkt: Wie wird zukünftig beispielsweise die Reparaturfähigkeit von Produkten zu bewerten sein? Gelingt die Entwicklung ressourcenschonender Produkte? Welche Auswirkungen hat die Energiewende für unseren Wirtschaftsraum? Wie verändert sich das Produktportfolio unserer Betriebe durch die E-Mobilität?

2. Prozess: Mit welchem Aufwand werden die Produkte zukünftig produziert? Gelingt es, zur Steigerung der Energieeffizienz eine beteiligungsorientiertes EMS (Energie Management System) einzuführen? Welche Auswirkungen hat Industrie 4.0 auf Prozesse und Produktinnovationen?

3. Mensch: Wie werden unsere Kolleginnen und Kollegen ihre eigenen Mobilitätskonzepte entwickeln? Was können wir tun, um Pendlerströme ökologisch und ökonomisch zu organisieren? Welche Qualifikationen brauchen unsere Leute zukünftig? Wie behaupten wir uns im Wettbewerb der Regionen? Welchen Veränderungen brauchen wir in der Infrastruktur zur Sicherung der Umwelt- und Lebensqualität?" (Kippes 2014: 67)

Im Bereich der Innovationspolitik lag in den vergangenen Jahren eines der zentralen Handlungsfelder gewerkschaftlicher regionaler Industriepolitik. Hier sind zum einen die dargestellten Initiativen in Esslingen, Erlangen und in der Rhön zu nennen, deren Ziel darin bestand, durch regionale Zusammenarbeit die Innovationskraft der Unternehmen zu stärken. Auch die industriepolitischen Masterpläne in Berlin, Frankfurt und Hamburg weisen, wie auch die Strategien zur Neuausrichtung der Industriepolitik in Norddeutschland einen deutlichen innovationspolitischen Fokus auf. Dieser Fokus auf Innovationspolitik wird auch weiterhin eine zentrale Rolle spielen. Die zentrale Herausforderung besteht darin, die bisherige Innovationspolitik in Richtung der neu auf der Agenda stehenden Aspekte einer lokalen und regionalen Umstrukturierung (Transitionspolitik) weiter zu entwickeln. Eine solche Transitionspolitik ist zwar wie eingangs gesagt bisher wenig fundiert, bietet aber die Chance, industriepolitische Strategien und regionale Entwicklungsstrategien systematisch zu verknüpfen.

Vier Beispiele hierzu, die sich aus den Fallstudien benennen lassen:

- Regionale Strategien zur Entwicklung der Elektromobilität sind eng mit dem Mobilitätsverhalten und den hierfür verfügbaren Nutzungskonzepten und Infrastrukturen, damit auch mit Verkehrs- und Stadtplanung verbunden.

- Die Umsetzung energetischer Restrukturierungsprojekte, etwa im Bereich Energieeffizienz oder dezentrale Versorgungskonzepte sind dann besonders aussichtsreich, wenn das entsprechende Quartier eine Perspektive für eine lebenswerte Zukunft aufweist, damit eng mit Quartiers- und Stadtentwicklung verknüpft ist.

- Die Sicherung von qualifizierten Arbeitskräften hängt auch von der Lebensqualität am Standort ab. Umwelt, Freizeit, Wohnqualität, kulturelle Vielfalt usw. sind Standortfaktoren, die für die Lebenslagen der Menschen ebenso wichtig sind wie die Qualität der Arbeit.

- Die Digitalisierung aller wirtschaftlichen Bereiche wird bisher von einer „kalifornischen" neoliberalen Perspektive aus getrieben. Neue Modelle der Nutzung fangen an bei der Weiterentwicklung handwerklicher und industrieller Arbeit, deren Einbindung in lokale und regionale Wertschöpfungsketten sowie der Umsetzung in partizipatorische Dienstleistungskonzepte. Strategien im Kontext von „Smart City" sind bisher weitgehend technisch konzipiert, eine partizipatorische und nutzerorientierte Strategie der Stadtentwicklung ist auf eine aktive Beteiligung gerade auch der Gewerkschaften angewiesen.

Es war nicht Aufgabe dieses Projekts, eine neue Strategie regionaler Industriepolitik zu erarbeiten. Es ging vielmehr darum, die vorhandenen Aktivitäten zu bilanzieren. Allerdings lassen diese Aktivitäten zusammen mit den genannten Chancen und Herausforderungen Konturen einer an arbeitspolitischen Themen orientierten regionalen Industriepolitik erkennen.

Die zentrale Herausforderung besteht darin, das geöffnete Fenster für neue industriepolitische Initiativen in einer arbeitspolitischen Perspektive zu nutzen. Gefragt ist ein strategischer Rahmen, der in den Regionen je nach regionaler Ausgangslage spezifisch umgesetzt werden kann. Ein solcher Rahmen sollte durchaus in Einklang stehen mit den nationalen und europäischen Strategien, sollte aber die regionalen Handlungsmöglichkeiten als Ausgangspunkt nehmen. Nehmen wir die Ergebnisse unserer Fallstudien wie auch die Diskussionen im Rahmen des Workshops als Ausgangspunkt, so lassen sich zwei große Themenfelder als Kern einer arbeitsorientierten regionalen Industriepolitik benennen (Abbildung 22).

Abbildung 22: Bezugspunkte einer arbeitsorientierten regionalen Industriepolitik

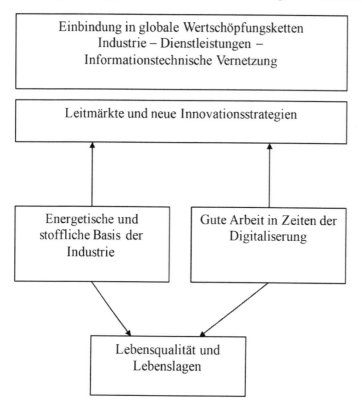

Erstens geht es darum, die Rolle qualifizierter Arbeit als Schlüssel einer nachhaltigen industriellen Entwicklung in den Mittelpunkt zu stellen. Hierbei geht es nicht allein oder in erster Linie um vermutete oder reale Fachkräfteknappheit, sondern um die Bezahlung der Arbeit, um die Qualität der Arbeit, um die Frage, wie sieht industrielle Arbeit in den kommenden Jahren aus. Die Diskussion um Fachkräfteknappheit und demographischen Wandel kann hier hilfreich sein, wichtiger ist jedoch die Rückbesinnung auf eine industrielle Zukunft, die nicht von der Arbeit als Kostenfaktor geprägt wird, sondern wieder die Bedeutung qualifizierter Produktion und Arbeit als zentrale Basis langfristiger industrieller Wettbewerbsfähigkeit thematisiert. Die Initiativen zur „Guten Arbeit", Kampagnen wie „Besser statt Billiger" oder die bisher noch immer sehr technisch geprägte Diskussion um

Industrie 4.0 bilden Ansatzpunkte, die weiter zu entwickeln sind, wobei gerade Letztere vielfältige Anknüpfungspunkte für die Frage nach der Art und Gestaltung zukünftiger Arbeit bietet.

Zweitens geht es um die stoffliche und energetische Basis industrieller Produktion (vgl. hierzu die gemeinsame Positionsbestimmung von IG Metall und IG BCE vom September 2011). Dieses Thema wird bisher weitgehend hinsichtlich der Chancen (neue Produkte und Wertschöpfungsketten und neue Märkte) und der Risiken (Energiekosten und Sicherheit der Energieversorgung) thematisiert. Auf regionaler Ebene, dies zeigen die Fallstudien, geht es aber immer auch um konkrete Konfliktkonstellationen: um den mit industrieller Produktion verbundenen Flächenverbrauch angesichts zunehmend knapper Flächen, um Lärm- und Umweltbelastungen, die in Verbindung mit der Frage nach der breiten Akzeptanz industrieller Produktion auf der alltäglichen Agenda lokaler und regionaler gewerkschaftlicher Arbeit immer wieder ganz oben stehen. Und die Diskussion um die Energiewende ist eben mehr als die Diskussion um Kosten und Versorgungssicherheit: Wenig thematisiert wird bisher, dass Energiequellen und Stoffströme mit Vernetzungen an industriellen Standorten verbunden sind, deren Änderung häufig massive Veränderungen für Produktionsverbünde insgesamt zur Folge hat.

Ausgehend von den beiden genannten Kernthemen lassen sich vielfältige Bezüge herstellen, die über den engen Bereich der regionalen Industrie hinausreichen. Aus regionaler Perspektive führen die Diskussion um die Schlüsselrolle qualifizierter Arbeit und die künftige stoffliche Basis konsequent weitergedacht zur Frage der regionalen Lebensqualität, zu Aus- und Weiterbildung, zu Wohnqualität, zu Kultur und intakter Umwelt, zu nachhaltigen Mobilitätskonzepten als zentrale Faktoren für die Attraktivität einer Region.

Damit verbunden wird sich in den kommenden Jahren immer häufiger auch für industrielle Produktion die Frage stellen, welchen Beitrag sie zur Lösung gesellschaftlicher Probleme leisten kann. Auch regionale Innovationspolitik wird daher nicht mehr in erster Linie aus einer technischen Perspektive her zu konzipieren sein, sondern von ihrer Bedeutung für die künftige Entwicklung von Leitmärkten. Gesundheit, Mobilität, Ressourceneffizienz, Kommunikation, Bauen und Wohnen oder Freizeit sind derartige Leitmärkte, die direkte Bezüge zu gesellschaftlichen Herausforderungen aufweisen. In diesen Leitmärkten hat industrielle Produktion überall eine zentrale Rolle, immer wieder auch eine Schlüsselrolle. Deutlich ist damit aber auch, dass die Zukunft industrieller Produktion nicht verengt aus der Perspektive der materiellen Produkte, auch nicht mehr allein aus dem (oft verkürzt „entweder-oder" diskutierten) Zusammenspiel zwischen industrieller Produktion, vor- und nachgelagerten sowie begleitenden Dienstleistungen und immer wichtiger werdender informationstechnischer Vernetzung zu denken und zu gestalten ist. Dass hierbei immer wieder ein Blick über die Region hinaus auf sich global neu strukturierenden globalen Wertschöpfungsketten geworfen werden muss, sollte zumindest als Rahmenbedingung stärker als bisher auch in regionale Industriepolitik einbezogen werden.

Ungeachtet dieser gemeinsamen Bezugspunkte werden regionale industriepolitische Strategien sehr unterschiedlich gestaltet werden. Im Rahmen des hier dargestellten Projektes sollte das breite Spektrum möglicher Strategien deutlich geworden sein. Nach Abschluss des Projekts haben weitere Initiativen, vor allem in NRW bzw. Ostwestfalen-Lippe und in Schweinfurt gezeigt, dass das strategische Spektrum sich weiterentwickelt. Diese beiden Initiativen machen noch einmal das regionale industriepolitische Spektrum zwischen betrieblicher Verankerung und gesellschaftlicher Gestaltung deutlich: In Ostwestfalen Lippe werden auf regionaler Ebene gebündelt betriebspolitische Zeichen gesetzt, die weit in die Region hinausstahlen. In Schweinfurt stehen übergreifende gesellschaftliche Ziele im Mittelpunkt, die die betriebliche Ebene immer wieder einbezieht.

8   Zusammenfassende Thesen

Regionale Industriepolitik zielt darauf ab, die Voraussetzungen zu schaffen, die Rahmenbedingungen und die Akzeptanz sowie die Zukunftsperspektiven für die industrielle Entwicklung in der Region zu sichern und zu gestalten. Dies erfolgt in alltäglichen Auseinandersetzungen, im Rahmen umfassender industriepolitischer Strategien und in auf die Zukunft gerichteten Kampagnen und Projekten.

Regionale Industriepolitik unterscheidet sich von anderen industriepolitischen Handlungsfeldern. Sie ist immer an die regionalen Herausforderungen und Entwicklungsperspektiven zurückzubinden und weist damit über eine reine betriebliche und an Branchen orientierte Perspektive hinaus. Sie ist mehr als die Umsetzung zentraler Kampagnen vor Ort, sondern immer auch Umsetzungs- und Experimentierfeld für neue industriepolitische Initiativen.

Regionale Industriepolitik ist in einen nationalen oder europäischen industriepolitischen Rahmen eingebunden. Strukturpolitische Programme bieten Fördermöglichkeiten, Förderkriterien für „Gute Arbeit" schränken Lohndumping ein, Brancheninitiativen und der Blick auf die Einbindung in Wertschöpfungsketten ermöglichen es, über den regionalen Tellerrand hinaus zu schauen.

Die Basis regionaler Industriepolitik liegt in den Interessen, dem Wissen und der Mobilisierungsfähigkeit der Beschäftigten. Regionale Industriepolitik weist aber auch immer auch über den Betrieb und die Branche hinaus. Sie hat die Lebenslagen der Menschen in der Arbeit und im Leben in der Region zum Bezugspunkt. Von daher ist regionale Industriepolitik wo immer möglich in eine umfassende strukturpolitische Perspektive einzubinden.

Regionale Industriepolitik ist daher zentral auf die Rückbindung an die Betriebe, die Beschäftigten und die Betriebsräte angewiesen. Betriebsrätekonferenzen und nach innen wirkende Veranstaltungen sind grundlegend, um sowohl das Wissen über betriebliche Entwicklungen zu aktivieren, den Aktionsradius durch Beteiligung weiterer Akteure zu erweitern um damit strategisches Handeln zu mobilisieren.

Um Wissen in einen strategiefähigen Kontext zu stellen, sind weitere Informationen über die regionale Wirtschaft notwendig. Dort, wo es gut praktiziert wird, kann auf die regionalen Wirtschaftsberichte zurückgegriffen werden, bei größeren Kampagnen sind externe Gutachten hilfreich, ein Austausch mit gewerkschaftsnahen Akteuren (TBS, Kooperationsstellen, einzelne Wissenschaftler oder Wissenschaftlerinnen) sollte regelmäßig genutzt werden.

Konfliktfähigkeit und Gegenmacht bilden die zentrale Grundlage für gewerkschaftliche regionale Industriepolitik. Von daher bilden betriebliche Verankerung und Organisationsgrad Schlüsselfaktoren für die Handlungsfähigkeit vor Ort.

Wissen ist eine weitere zentrale Basis für regionale Industriepolitik. Kein anderer regionaler Akteur hat so viel Wissen über das, was in den Betrieben läuft und ansteht, wie die Gewerkschaften.

Wissen allein reicht nicht aus. Regionale Industriepolitik ist immer auf die Zusammenarbeit mit anderen regionalen Akteuren angewiesen. Gegenmacht („Muskeln"), Wissen und Kooperation sind je nach regionaler Ausgangslage zu balancieren und für strategisches Handeln nutzbar zu machen.

Regionale Industriepolitik wird in Netzwerken vor Ort vorbereitet und umgesetzt. Formelle Beteiligungsstrukturen in der Arbeitsmarktpolitik, der Wirtschaftsförderung, der Strukturpolitik usw. sind wesentliche Ansatzpunkte. Wichtig ist aber auch, Vertrauen aufzubauen und in den informellen Netzwerken verankert zu sein, in denen Entscheidungen vorbereitet und abgestimmt werden.

Angesichts der begrenzten Ressourcen ist regionale Industriepolitik auf eine enge und in der Regel arbeitsteilige Zusammenarbeit der vor Ort vertretenen Gewerkschaften angewiesen. Eine rigide Aufgabenverteilung nach dem Motto „das ist Sache der IGM oder IGBCE oder des DGB" führt zu Spartendenken.

Regionale Industriepolitik ist mit anderen gewerkschaftlichen Handlungsfeldern zu verbinden. Branchenarbeitskreise und Arbeitskreise von Konzernbetriebsräten können ebenso helfen regionale Handlungskonzepte einzuordnen wie auch der Austausch zwischen Akteuren aus unterschiedlichen Regionen.

Literatur

Abelshauser, W. (1984): Der Ruhrkohlenbergbau seit 1945. Wiederaufbau, Krise, Anpassung. München. Beck.

Aghion, P./Boulanger, J./Cohen, E. (2011): Rethinking Industrial Policy. Bruegel policy brief 2011/04.

Algermissen, G. (Hrsg.) (2013): „Vom Projekt „reson" zur „Allianz für die Region GmbH". Eine Sammlung von Zeitzeugenberichten aus der Region Südostniedersachsen. Regionale Gewerkschaftsblätter. Industriegeschichte – Heft 06. Braunschweig.

Allespach, M./Ziegler, A. (2012): Zukunft des Industriestandorts Deutschland 2020. Marburg Schüren.

Batt, H.-L. (1994): Kooperative regionale Industriepolitik. Prozessuales und institutionelles Regieren am Beispiel von fünf regionalen Entwicklungsgesellschaften in der Bundesrepublik Deutschland, Frankfurt/M. u.a.: Peter Lang.

Beese, B. u.a. (2004): Von Seilschaften zu innovativen Netzwerken? Strukturwandel, regionale Industriepolitik und die Gewerkschaften. In: Jahrbuch Arbeit, Bildung, Kultur, Bd. 21/22, 2003/04: 9-37, Forschungsinstitut Arbeit, Bildung, Partizipation, Recklinghausen.

Benz, A. u.a. (2000): Regionalisierung. Opladen.

Berlin (2010): Masterplan Industriestadt Berlin 2010-2020.

Berlin (2015): Masterplan Industriestadt Berlin. Version 2.0. Maßnahmen 2014-2016.

Bönker, F. (1995): The Dog That Did Not Bark? Politische Restriktionen und ökonomische Reformen in den Visegrád-Ländern. In: H. Wollmann u.a. Hrsg: Transformation sozialistischer Gesellschaften: Am Ende des Anfangs. Leviathan Sonderheft 15: 180-206.

Bosch, G. u.a. (1987): Beschäftigungspolitik in der Region. Köln. Bund Verlag.

P. Bourdieu, (1983): Ökonomisches Kapital – Kulturelles Kapital – Soziales Kapital. In: R. Kreckel (Hrsg.): Soziale Ungleichheiten. Göttingen. Soziale Welt Sonderband 2: 183-198.

BMWi (2010): Bundesministerium für Wirtschaft und Technologie. Im Fokus: Industrieland Deutschland. Stärken ausbauen – Schwächen beseitigen – Zukunft sichern. Berlin.

Bullmann, U. u.a. (Hrsg.) (1986): Lokale Beschäftigungsinitiativen. Marburg. Schüren.

Dankbaar, B./Rehfeld, D. (2015): Industriepolitik: Theoretische Grundlagen, Varianten und Herausforderungen. In: WSI-Mitteilungen Jg. 68: 491-499.

Degen, C. (2011): Herausforderungen für eine zukunftsfähige Strukturpolitik aus gewerkschaftlicher Sicht. In: WSI Mitteilungen Jg. 64: 248-252.

DGB Frankfurt (1996): Forderungen und Empfehlungen des DGB-Kreises Frankfurt am Main an die Kommunalpolitik für die Erhaltung und Schaffung von Arbeitsplätzen in Frankfurt am Main. Als Beitrag u.a. zur Kommunalwahl im März 1997. Frankfurt am Main.

DGB (2011): Stellungnahme des Deutschen Gewerkschaftsbundes (DGB), im Rahmen der Konsultation der EU-Kommission über die Mitteilung „Schlussfolgerungen aus dem Fünften Bericht über den wirtschaftlichen, sozialen und territorialen Zusammenhalt: Die Zukunft der Kohäsionspolitik". Berlin, 31.01.2011.

DGB Dortmund-Hellweg (2011): Industriepolitische Positionen des DGB Dortmund-Hellweg. Mai 2011.

Dispan, J./Pfäfflin, H. (2012): Industriepolitik und Unternehmensstrategie. Strategische Unternehmenspolitik im Kontext der Debatte um Industriepolitik in Deutschland am Beispiel des globalen Technologiekonzerns Siemens. Stuttgart. IMU.

Döring, D. u.a. (2007): Früherkennung und struktureller Wandel. Eine Untersuchung am Beispiel des Finanzsektors im Wirtschaftsraum Frankfurt-Rhein-Main. Edition der Hans-Böckler-Stiftung 182. Düsseldorf.

Dörre, K./Schmalz, S. (2013): Einleitung: Comeback der Gewerkschaften? Eine machsozilogische Forschungsperspektive. In: S. Schmalz/K. Dörre (Hrsg.): Comeback der Gewerkschaften? Machtressourcen, innovative Praktiken, internationale Perspektiven. Frankfurt/New York. Campus: 13-38.

Drescher-Bonny, I. u.a. (2009): Neue Wachstumschancen für Berlin. Wirtschaftskraft, Branchenprofil und industriepolitische Strategien im Metropolenvergleich. Berlin. Regioverlag.

Einemann, E./Lübbing, E. (1985): Anders produzieren. Alternative Strategien in Betrieb und Region. Marburg. Schüren.

Elsner, W./Katterle, S. (Hrsg.) (1984): Wirtschaftsstrukturen, neue Technologien und Arbeitsmarkt. Köln. Bund Verlag.

Erb, H. (2014): Engineering-Projekt zur regionalen Entwicklung. In: Industriepolitik heute Regionale Beispiele der IG Metall. Frankfurt/Main: 76-80.

Erhardt, M. u.a. (2007): Früherkennung und struktureller Wandel. Eine Untersuchung am Beispiel des Finanzsektors im Wirtschaftsraum Frankfurt-Rhein-Main . Reihe: edition der Hans-Böckler-Stiftung, Nr. 182. Düsseldorf.

Erhardt, M. (2011): Regionale Industrie- und Strukturpolitik in der Metropolregion Rhein-Main. Vortrag zur Beiratssitzung der Bezirksgruppe Rhein-Main-Taunus e.V. des Bundesverbades der Metall- und Elektrounternehmen Hessen am 21. September 2011. Ms.

Erhardt, M./Fiedler, H. (2014): Renaissance der Industriepolitik mit Masterplan. IN: Industriepolitik heute Regionale Beispiele der IG Metall. Frankfurt/Main: 22-25.

Erlanger Nachrichten vom 08.10.2012

Europäische Kommission (2010): Mitteilung der Kommission an das Europäische Parlament, den Rat, (FAZ Rhein-Main vom 01.11.2013

FAZ- Rhein Main vom 1.1. 2013

FES-Friedrich-Ebert-Stiftung (2010): Business as usual oder eine neue Zukunftsstrategie? Die Strategie Europa 2020 aus der Perspektive deutscher Gewerkschaften. Berlin.

Friedrichs, G. (Red.) (1972): Aufgabe Zukunft – Qualität des Lebens. Bd. 9: Zukunft der Gewerkschaften. Köln/Frankfurt/Main. Europäische Verlagsanstalt.

Fröbel, F./Heinrichs,J./Kreye, O. (1980): The New International Division of Labour. Structural Unemployment in Industrialised Countries and Industrialisation in Developing Countries. Cambridge University Press. Cambridge.

Fürst, D./Kilper, H. (1994): Die Innovationskraft regionaler Politiknetzwerke. Nordrhein-westfäli¬sche Ansätze politischer Modernisierung im Vergleich, Gelsenkirchen: Graue Reihe des IAT.

Gerlach, F. u.a. (Hrsg.) (2014): A strong Europe – but only with a strong manufacturing sector. Marburg. Schüren.

Grin,J. u.a. (Hrsg.) (2010): Transitions to Sustainable Development. New directions in the study of long term transformative change (in collaboration with F. Geels and D. Loorbach), New York/London. Routledge.

Hager, A. (2014): Wissen, was die Betriebe brauchen. In: Industriepolitik heute. Regionale Beispiele aus der IG Metall. Frankfurt: 6-9.

Hamm, R./Wienert, H. (Hrsg.) (1990): Strukturelle Anpassung altindustrieller Regionen. Berlin.

Hartmann, P. (1994): Beziehungen zwischen Staat und Wirtschaft. Unter besonderer Berücksichtigung neuartiger Kooperationsformen im Bereich der regionalen und kommunalen Wirtschaftspolitik, Baden-Baden: Nomos.

Hooghe, L./Marks, G./Schakel, A.H. (2010): The Rise of Regional Authority. A comparative study of 42 democracies (1950-2006). London: Routledge.

Hopkins, R. (2008): The Transition Handbook. From oil to local resilience. Vermont: Chelsea Green Publishing.

IG Metall NRW (2004): Besser statt billiger. Innovationen mit Mehrwert für sichere & gute Arbeit. Düsseldorf.

IG Metall (2009): Projekt IG Metall 2009 – Diskussionspapier „Sich ändern, um erfolgreich zu sein". Frankfurt.

IG Metall (2014): Industriepolitik heute Regionale Beispiele der IG Metall. Frankfurt/Main,

IG Metall (2015): Gute Arbeit. Gutes Leben. IG Metall. Geschäftsbericht 2011-2014. Frankfurt/Main.

Kiese, M. (2012): Regionale Clusterpolitik in Deutschland. Marburg. Metropolis

Kilper, H. u.a. (1994): Das Ruhrgebiet im Umbruch. Opladen. Leske + Budrcih.

Kingdon, J. (2003): Agendas, Alternatives, and Public Policies. New York: Longman.

Kippes, P. (2014): Netzwerke, Proteste und proaktive lösungen. In: Industriepolitik heute. Regionale Beispiele der IG Metall. Frankfurt/Main: 64-67.

Klein, R. (2013): Elektromobilität –Bausteine eines integrierten, klimagerechten Verkehrssystems. In: W. Kufeld (Hrsg.): Klimawandel und Nutzung von regenerativen Energien als Herausforderung für die Raumordnung. Arbeitsberichte der ARL. Hanoover: 226-252.

Literatur

Kock, K. (2013): Zur Geschichte der Kooperationsstellen. Vortrag zur Veranstaltung „Zwischen Werkbänken und Lehrstühlen – 25 Jahre Kooperation Wissenschaft – Arbeitswelt in Dortmund am 28.05.2013 in Dortmund. Ms.

Krippendorf, W: (1994): Die Region als Handlungsfeld arbeitsorientierter Industriepolitik Eine Fallstudie über Schweinfurt in Unterfranken. München. IMU.

Krumbein, W./Hochmuth, E. (2000): Cluster und Clusterpolitik. Begriffliche Grundlagen und empirische Fallbeispiele aus Ostdeutschland, Marburg.

Lecher, W. (1977): Die Gewerkschaften und die Kommission für wirtschaftlichen und sozialen Wandel – ein Lehrstück? In: WSI-Mitteilungen Jg. 1977: 172-190.

Lemb, W. (2015): Foreword. In: F. Gerlach u.a. (Hrsg.): A strong Europe – but only with a strong manufacturing sector. Marburg. Schüren.

Leminsky, G. (1972): Die Zukunft der Gewerkschaften in der Wohlstandsgesellschaft. In: Aufgabe Zukunft – Qualität des Lebens. Bd. 9: Zukunft der Gewerkschaften (Redaktion Günter Friedrichs), Köln/Frankfurt/Main (Europäische Verlagsanstalt)

Lippert, I./ Jürgens, U. (2012): Corporate Governance und Arbeitnehmerbeteiligung in den Spielarten des Kapitalismus. Forschung aus der Hans-Böckler-Stiftung (HBS), Band 143. Berlin, Edition sigma

Lompe, K. u.a. (1991): Regionale Bedeutung und Perspektiven der Automobilindustrie: Die Beispiele Südostniedersachsen und Südhessen. Hans-Böckler-Stiftung. Graue Reihe. N.F.. Düsseldorf.

Lompe, K. u.a. (1996): Regionalisierung als Innovationsstrategie. Die VW-Region auf dem Weg von der Automobil zur Verkehrskompetenzregion, Berlin, Edition Sigma.

Lompe, K./Blöcker, A. (2000): Mobilität und neue Beschäftigungsfelder. Trends und Beispiele aus Südostniedersachsen, Nürnberg und Berlin-Brandenburg. Marburg. Schüren-Verlag

Lorenz, R. (2013): Gewerkschaftsdämmerung. Geschichte und Perspektiven deutscher Gewerkschaften. Bielefeld. Transcript.

Lutz, B. (1984): Der kurze Traum der immerwährenden Prosperität. Frankfurt/New York. Campus.

Maier, H.-E./Wollmann, H. (Hrsg.) (1986): Lokale Beschäftigungspolitik. Basel u.a. Birkhäuser.

Massey, D./Meegan, R. (1982): The Anatomy of Job Loss. The how, why, and where of employment decline. London/New York. Methuen.

Matthöfer, H. (1977): Humanisierung der Arbeit und Produktivität in der Industriegesellschaft. Köln/Frankfurt/Main. EVA.

Mazzucato, M. (2014): Das Kapital des Staates: Eine andere Geschichte von Innovation und Wachstum. München. Kunstmann.

Mensch, G. (1982): Das technologische Patt. Innovationen überwinden die Krise. Frankfurt: Umschau.

Meyer-Stamer, J. (2009): Moderne Industriepolitik oder postmoderne Industriepolitiken? FES Moderne Industriepolitik. Berlin.

Naegele, F. (1996): Regionale Wirtschaftspolitik in kooperativen Bundesstaat. Ein Politikfeld im Prozess der deutschen Vereinigung. Opladen

Neumann, G./Pfäfflin, H. (2010): Metropolregionen zwischen Exzellenzanspruch und regionalem Ausgleich. Düsseldorf. Edition der Hans-Böckler-Stiftung, Nr. 247.

Naude, W. (2010): Industrial policy: Old and new issues. Working Paper//World Institute for Development Economics Research, No. 2010: 106.

Ott, K./Meinhardt, U. (2014): Industrielle Kerne stärken, Zukunftsfelder erschließen. In: Industriepolitik heute Regionale Beispiele der IG Metall. Frankfurt/Main: 68-71.

Owens, G. (2012): Industrial policy in Europe since the Second World War: was has been learnt? Ecipe Occasional Paper 1/2012, Brussels.

Pelkmans, J. (2006): European Industrial Policy. BEEP briefing n° 15 July 2006

Pixa, T. (2011): Neuausrichtung der Strukturpolitik. Partizipation und Wahrung von Arbeitnehmerinteressen in Nordrhein-Westfalen. Wiesbaden. Gabler.

Piore, M.J./Sabel, C.F. (1985): Das Ende der Massenproduktion. Berlin Wagenbach.

Priddat, B.P./West, K.W. (Hrsg.) (2012): Die Modernität der Industrie. Marburg. Metropolis.

Putman, R.D. (1993): The Prosperous Community: Social Capital and Public Life. The American Pro-spect 13: 13-45.

Räschke, W. (2013): Region beginnt mit Vertrauen und der Erfahrung, gemeinsam zu besseren Lösungen zu kommen". In: Algermissen, G. (Hrsg.): „Vom Projekt „reson" zur „Allianz für die Region GmbH". Eine Sammlung von Zeitzeugenberichten aus der Region Südostniedersachsen. Regionale Gewerkschaftsblätter. Industriegeschichte. Heft 06. Braunschweig: 37-42.

Rehfeld, D. (1999): Produktionscluster: Konzeption, Analysen und Strategien für eine Neuorientierung der regionalen Strukturpolitik. Institut für Arbeit und Technik-Gelsenkirchen. Hampp Verlag. München.

Rehfeld, D./Weibler, J. (1998): Interkommunale Kooperation in der Region: Auf der Suche nach einem neuen Steuerungsmodell. In: Budäus, D./Conrad, P./Schreyögg, G. (Hrsg.): Managementforschung 8. New Public Management, Berlin/New York: de Gruyter, 93-122.

Rehfeld, D./Terstriep, J. (2007): Realistische Erwartungen an Clustermanagement. Expertise für die Hans-Böckler-Stiftung. Gelsenkirchen.

Rehfeld, D./Terstriep, J. (2013): Regionale Innovationssysteme. In: Institut Arbeit und Technik: Geschäftsbericht 2012/2013. Gelsenkirchen: 35-47.

Rehfeld, D. /Terstriep, J. (2016): Innovation neu denken: Erscheint in: Institut Arbeit und Technik: Geschäftsbericht 2014/2015. Gelsenkirchen

Richter, G. (1988): Stuttgart – Problemregion der 90er Jahre? Gefährdungen der Arbeitnehmer durch Umstrukturierungsprozesse in der Metallindustrie im Wirtschaftsraum Stuttgart. Stuttgart. IMU Studien: 7.

Riese, H. (1995): Transformation als Oktroi von Abhängigkeit? In: H. Wollmann u.a. (Hrsg.): Transformation sozialistischer Gesellschaften: Am Ende des Anfangs. Leviathan. Sonderheft 15: 163-179.

Rodrik, D. (2008): Industrial Policy: don't ask why, aks how. In: Middle East Journal, Demo Issue: 1-29.

Romahn, H./Rehfeld, D. (Hrsg.) (2015): Lebenslagen – Beiträge zur Gesellschaftspolitik. Marburg. Metropolis.

Sauer, D. (2011): Von der "Humanisierung der Arbeit" zur "Guten Arbeit". In: Aus Politik und Zeitgeschichte 15/2011.

Sauer, S. u.a. (2012): Die Rhön steht auf. Chronik eines Arbeitskampfes. Bad/Neustadt/Saale.

Schmalz, S./Dörre, K. (Hrsg.).(2013): Comeback der Gewerkschaften? Machtressourcen, innovative Praktiken, internationale Perspektiven. Frankfurt/New York. Campus:

Schmidt, N. (1997): Globalisierung – Regionalisierung Globalisierung und Regionalisierung Kritische Reflexion industriepolitischer Regionalisierungsansätze im Kontext zunehmender Globalisierung. Referate und Diskussionsbeiträge eines Workshops. Januar 1997. IMU: 1-14.

Schumpeter, J.A. (1987): Kapitalismus, Sozialismus und Demokratie. Tübingen.

Stiglitz, J.E/Lin, J.Y./Monga, C. (2013): The Rejuvenation of Industrial Policy. The World Bank. Policy Research Working Paper 6628. Sept. 2013.

Stieglitz, J.E./Greenwald, B.C. (2014): Die innovative Gesellschaft. Wie Fortschritt gelingt und warum grenzenloser Freihandel die Wirtschaft bremst. München. Econ.

Strukturberichterstattung Region Stuttgart. 1995-2015.

SWAK (2009): „Gemeinsame Erklärung der Ständigen Wirtschafts- und Arbeitsmarktkonferenz (SWAK) der Stadt Frankfurt am Main vom 25.09.2009".

SZ vom 12.11.2012

SZ vom 08.12.1992

Tagesspiegel vom 01.01.2013

Untied, G. u.a. (2011): Die industriepolitische Dimension des EFRE in Berlin. Vertiefende Bewertung im Rahmen der wissenschaftlichen Begleitung. Endbericht. Münster/Berlin/

Bremen 2011.

Voelzkow, H./Hoppe, A. (1996): „Druck von oben" und „von unten". Zu Reformansätzen der deutschen Regionalpolitik als Reaktion auf Implementationsprobleme in den neuen Bundesländern. In: Heinelt, H. (Hrsg.): Politiknetzwerke in der europäischen Strukturfondsförderung. Opladen: 108-130.

Voß, S. (2013): Gute Arbeit in der Strukturpolitik. Hans-Böckler-Stiftung. Arbeitspapier 286.

Wade, R. (2003): What Strategies are viable for Developing Countries today? The World Trade Organization and the Shrinking of 'Developmental Space', Crisis States Research Centre Working Papers Series, Nr. 31.

Willke, I. u.a. (2014): Struktureller Wandel und nachhaltige Modernisierung – Perspektiven der Industriepolitik in Norddeutschland. Edition Hans Böckler Stiftung 292. Düsseldorf.

Winkel, A. (2012): Wirtschaftspolitik in China und Indien im Vergleich. Arbeitspapiere der Arbeitsstelle Internationale Politische Ökonomie 9/2012.

Ziegler, A. (2002): Technologie- und Innovationspolitik in Nordrhein-Westfalen. Diskussionspapier.

Ziegler, A. (2011): Europäische Strukturpolitik – ein Neuanfang oder nur alter Wein in neuen Schläuchen? In: Wirtschaftspolitische Informationen des Bereichs Grundsatzfragen und Gesellschaftspolitik 01/2011: 1-8.

Internetquellen:

http://de.statista.com/statistik/daten/studie/74795/umfrage/   jugendarbeitslosigkeit-in-europa/

http://www.cluster-analysis.org/

http://recklinghausen.igbce.de/kampagnen/industriekampagne

http://www.zukunft-durch-industrie.de/

http://www.langenachtderindustrie.de

https://www.ipm.studium.fau.de/

M-E-NES, http://www.m-e-nes.de/

www.eut-ev.de/images/fotos/WEE_2015/2015_04_21_Ilmenau.pdf

https://www.bmbf.de/de/zukunftsprojekt-industrie-4-0-848.html

www.blog-zukunft-der-arbeit.de

www.its-owl.de

Anhang 1: Liste der Gesprächspartner (angegeben ist die organisatorische Zugehörigkeit zur Zeit der Befragung)

Becherer, Dr. Heidi	DGB Sachsen
Behrenwald, Carsten	IG Metall Bremerhaven
Bender, Sieghard	IG Metall Esslingen
Berger, Christiane	DGB Bayern
Blöcker, Dr. Antje	Ruhr Universität Bochum
Butenhoff, Frank	Wirtschaftsministerium NRW
Clay, Catharina	IG BCE Baden-Württemberg
Degen, Dr. Christel	DGB Bundesvorstand
Erb, Hartwig	IG Metall Wolfsburg
Erhardt, Michael	IG Metall Frankfurt/Main
Eulen, Jan	IG BCE Hamburg-Harburg
Fehrmann, Dr. Andrea	IG Metall Bayern
Fiedler, Harald	DGB Region Frankfurt-Rhein-Main
Galagas, Dimitros	DGB Baden-Württemberg
Glawe, Heiko	DGB Berlin
Hay, Kurt	IG BCE Westfalen
Hermwapelhorst, Ralf	IG BCE Cottbus
Hoffmann, Heinz	IG Metall Berlin – Brandenburg -Sachsen
Hoffmann, Rainer	IG BCE Nordrhein (seinerzeit)
Holland-Moritz, Rainer	IG BCE Ulm
Hoppe, Dr. Andrea	Wirtschaftsförderung Metropole Ruhr
Hossbach, Christian	DGB Berlin-Brandenburg
Irrek, Bodo	IG Metall Berlin
Iwer, Frank	IG Metall Baden-Württemberg
Katzan, Johannes	IG Metall Frankfurt
Kippes, Peter	IG Metall Schweinfurt
Koppitz , Erhard	IG BCE Halle-Magdeburg
Kraus, Seppl	IG BCE Bayern
Kratzer-Rudolf, Dajana	IG Metall Mitte
Mebs, Uwe	IG Metall Alfeld-Hameln-Hildesheim
Müller, Thomas	IG Metall Niedersachsen-Sachsen-Anhalt
Nettelstroth, Wolfgang	IG Metall NRW
Neumann, Godehard	Berater, Nürnberg
Niclas, Wolfgang	IG Metall Erlangen

Nieber, Thomas	IG BCE Hannover
Polkaehn, Uwe	DGB Küste
Reiner, Dr. Rolf	Wirtschaftsförderung Region Stuttgart
Reiter, Jutta	DGB Region Dortmund-Hellweg
Schmitz, Dr. Christian Zlatko	DGB Region Trier
Schreiner, Dr. Patrick	DGB Niedersachsen
Uhl, Dr. Susanne	Schleswig- Holstein Nordwest
Vanseloh, Dr. Achim	DGB NRW
Wilms, Bodo	IG BCE Duisburg
Ziegler, Dr. Astrid	IG Metall Frankfurt

Anhang 2: Fragebogen der Bestandserhebung – postalische Befragung (Fassung IG Metall)

Fragebogen

zu regionalen industriepolitischen

Aktivitäten in den Jahren nach der

Finanzkrise

Die Abteilung Grundsatzfragen und Gesellschaftspolitik der
IG Metall unterstützt diese Befragung.

Liebe Kollegin, lieber Kollege,

in Folge der Finanzkrise ist auch für den Letzten deutlich geworden: die Industrie ist weiterhin prägende Kraft und Motor der wirtschaftlichen Entwicklung in Deutschland. Diese Erkenntnis hat mittlerweile auch Eingang in die Programmatik der Europäischen Kommission und der Bundesregierung gefunden, auch wenn konkrete Umsetzungsschritte noch immer auf sich warten lassen. Wenn diese neue Aufmerksamkeit kein Strohfeuer bleiben soll, dann sind vor allem industriepolitische Aktivitäten aus den Regionen, von der Basis her gefragt.

Eine erste grobe Bestandsaufnahme lässt vermuten, dass in den Regionen zahlreiche industriepolitische Aktivitäten in den Jahren nach der Krise entstanden sind. Strategien und Arbeitskreise zur Weiterentwicklung der Industrie, Ansätze einer an den gesellschaftlichen Bedürfnissen ausgerichteten Innovationspolitik, Projekte zu den Konsequenzen des demographischen Wandels und einer konsequenten Aus- und Weiterbildungspolitik, Initiativen zum ökologischen Umbau der Industrie und zur verbesserten Ressourceneffizienz, neue Standards für gute Arbeit sind einige Beispiele des breiten Spektrums an Aktivitäten.

Um einen genaueren Überblick zu erhalten, möchten wir mit diesem Fragebogen eine Bestandsaufnahme der laufenden und abgeschlossenen industriepolitischen Aktivitäten in den Regionen seit 2008 durchführen.

Die Ergebnisse sollen auch dazu dienen, um erfolgreiche Aktivitäten zu dokumentieren und Erfolgsfaktoren und Schwierigkeiten bei der Umsetzung regionaler industriepolitischer Aktivitäten herauszufinden. Nicht zuletzt möchten wir auf dieser Grundlage Materialien erstellen, die bei der Initiierung und Umsetzung industriepolitischer Aktivitäten Unterstützung geben können.

Von daher bitten wir Sie herzlich um Beteiligung an unserer Befragung zu industriepolitischen Aktivitäten in den Regionen. Die Befragung wird im Rahmen eines von der Hans-Böckler-Stiftung geförderten Projekts zu neuen Initiativen in der regionalen Industriepolitik durchgeführt. Die Abteilung Grundsatzfragen und Gesellschaftspolitik der IG Metall unterstützt diese Befragung.

Bitte senden Sie den ausgefüllten Fragebogen bis zum **30.11.2012** an uns zurück. Einen an uns adressierten und frankierten Umschlag haben wir beigelegt.

Vielen Dank für die Bereitschaft, an dieser Befragung teilzunehmen!

Bei Rückfragen stehen wir vom Institut Arbeit und Technik gerne zur Verfügung:

Institut Arbeit und Technik, Munscheidstr. 14, 45886 Gelsenkirchen

Dr. Dieter Rehfeld	rehfeld@iat.eu	0209 1707 268
Jürgen Nordhause-Janz	nordhause-janz@iat.eu	0209 1707 118

1. **Zunächst einmal allgemein gefragt, welchen Stellenwert besitzen industriepolitische Aktivitäten in der gewerkschaftlichen Arbeit Ihrer IGM Verwaltungsstelle?** *(Bitte Zutreffendes ankreuzen. Nur eine Nennung.)*

   Industriepolitische Aktivitäten

   stellen im Rahmen unserer gewerkschaftlichen Arbeit das zentrale
   Tätigkeitsfeld dar; .... ☐

   besitzen für unsere gewerkschaftliche Arbeit einen herausgehobenen
   Stellenwert; .... ☐

   besitzen bei unserer gewerkschaftlichen Arbeit den gleichen Stellenwert
   wie andere Themen; .... ☐

   stellen im Vergleich zu anderen Aufgabenfeldern unserer gewerkschaftlichen
   Arbeit eher eine Randaktivität dar; .... ☐

   haben für unsere gewerkschaftliche Arbeit keinerlei Bedeutung. .... ☐

   Industriepolitik kann thematisch ein sehr breites Spektrum an unterschiedlichen Aktivitäten und Themen umfassen. Sie kann deshalb auch in sehr unterschiedlichen organisatorischen Zusammenhängen diskutiert werden. Uns interessiert deshalb, wie regelmäßig Sie in Ihrer IGM Verwaltungsstelle Zeit finden, industriepolitische Themen zu diskutieren und in welchem organisatorischen Rahmen Sie dies tun.

2. **Industriepolitisch relevante Themen und Aktivitäten diskutieren wir in unserer IGM Verwaltungsstelle** *(Bitte Zutreffendes ankreuzen. Nur eine Nennung.)*

   mehr oder wenig regelmäßig .... ☐

   lediglich bei aktuellen Anlässen ..... ☐

   gar nicht .... ☐

3. **Industriepolitisch relevante Themen und Aktivitäten diskutieren wir**
   (Bitte Zutreffendes ankreuzen. Mehrfachnennungen möglich.)

   in gewerkschaftlichen Gremien und Arbeitskreisen auf der Ebene
   der IGM Bezirke; .... ☐

   in den zuständigen gewerkschaftlichen Gremien und Arbeitskreisen
   unserer IGM Verwaltungsstelle; .... ☐

   mit Betriebsräten in den Betrieben unserer IGM Verwaltungsstelle; .... ☐

   mit Unternehmensleitungen in den Betrieben unserer IGM Verwaltungsstelle; ...... ☐

   in Gremien und Arbeitskreisen der Arbeitsverwaltung unserer
   IGM Verwaltungsstelle; .... ☐

   in sonstigen Gremien und Arbeitskreisen der öffentlichen Verwaltung,
   in die wir als Sozialpartner eingebunden sind. .... ☐

   in regionalen Netzwerken, in denen wir als Gewerkschaften, aber auch
   Unternehmen, Verbände, Politik oder Verwaltung vertreten sind; .... ☐

   in sonstigen Zusammenhängen *(bitte benennen).* .... ☐

4. **Wie ist Ihre Einschätzung? Hat sich der Stellenwert von Industriepolitik und industriepolitischen Aktivitäten in Ihrer Veraltungsstelle seit 2008 gegenüber früher verändert?** *(Bitte Zutreffendes ankreuzen. Nur eine Nennung.)*

    Das war in unserer Verwaltungsstelle schon immer ein Thema. Eine
    Veränderung oder stärkere Bedeutung in den Jahren seit 2008 können wir
    bei uns nicht feststellen. .... ☐

    Das war in unserer Verwaltungsstelle zwar schon immer ein Thema, aber seit
    dem Jahr 2008 hat die Thematik bei uns eine größere Bedeutung erlangt. .... ☐

    Industriepolitik und industriepolitische Aktivitäten stehen bei uns seit 2008
    weitestgehend neu auf der Tagesordnung. .... ☐

5. **Einmal rückblickend betrachtet, sind in Ihrer IGM Verwaltungsstelle seit 2008 industriepolitische Aktivitäten angestoßen worden, *unabhängig davon*, ob Sie als gewerkschaftliche Vertreter daran beteiligt waren oder nicht?**
    (Bitte Zutreffendes ankreuzen. Nur eine Nennung.)

    Ja, solche Anstöße für industriepolitische Aktivitäten gab es und sie wurden
    zumindest zum Teil auch umgesetzt. .... ☐

    Ja, solche Anstöße für industriepolitische Aktivitäten gab es zwar, aber sie
    wurden letztendlich nicht umgesetzt. .... ☐

    Nein, solche Anstöße gab es überhaupt nicht. .... ☐
    (Falls Nein angekreuzt wurde bitte weiter mit Frage 19)

6. **Wie viele dieser industriepolitischen Aktivitäten hat es nach Ihren Kenntnissen in der Verwaltungsstelle seit 2008 insgesamt gegeben?**

    _____ *(Bitte ungefähre Anzahl nennen.)*

7. **Und wie viele dieser Aktivitäten fanden mit Beteiligung der IG Metall statt?**

    _____ *(Bitte ungefähre Anzahl nennen.)*

8. **Mit welchen Themen haben sich diese Aktivitäten beschäftigt?**
    (Bitte Zutreffendes ankreuzen. Mehrfachnennungen möglich) Bitte beziehen Sie in Ihre Antwort auch Aktivitäten ein, die zwar seit 2008 begonnen wurden, aktuell aber bereits abgeschlossen sind.

    Aus- und Weiterbildung. .... ☐

    Fachkräftesicherung (Ältere, Erwerbsbeteiligung von Frauen, etc.). .... ☐

    Beschäftigungs-, und Arbeitsplatzsicherung. .... ☐

    Innovation, Technologie- und Wissenstransfer. .... ☐

    Konzepte zur Unternehmensverantwortung (CSR, nachhaltige Produktion). .... ☐

    Ökologische Modernisierung. .... ☐

    Standards für „gute Arbeit". .... ☐

    Sonstiges *(bitte benennen)*. .... ☐

145

9. **Und in welchem organisatorischen Rahmen fanden diese Aktivitäten statt?**
    (Bitte Zutreffendes ankreuzen. Mehrfachnennungen möglich)

    einzelbetriebliche Arbeits- und Gesprächskreise .... ☐

    betriebsübergreifende Arbeits- und Gesprächskreise .... ☐

    Dialog- und Gesprächskreise mit überbetrieblichen Akteuren der Region .... ☐

    loses regionales Netzwerk .... ☐

    fest institutionalisiertes regionales Netzwerk .... ☐

    Kompetenzzentren, -agenturen o.ä. .... ☐

    regionale Clusterinitiativen .... ☐

    Sonstiges *(bitte benennen)* .... ☐

---

*In den folgenden Fragen möchten wir Sie zu **einer konkreten industriepolitischen Aktivität** etwas genauer befragen. Der Zeitraum der Aktivität soll wieder die Jahre ab 2008 betreffen. Regional kann sich die Aktivität auf Ihre unmittelbare IGM Verwaltungsstelle beziehen, sie kann aber auch weitere, benachbarte Regionen umfassen.*

*Bitte wählen Sie zudem die nach Ihrer Meinung **wichtigste Aktivität** aus, unabhängig davon ob Vertreter der IGM Verwaltungsstelle daran beteiligt waren oder nicht.*

---

10. **Welches war die Ihrer Meinung nach wichtigste industriepolitische Aktivität?**
    Falls vorhanden nennen Sie bitte den offiziellen Namen bzw. die offizielle Bezeichnung.

    _____

11. **Wann wurde mit der Aktivität begonnen?**
    (Bitte Anfangsdatum angeben)

    Mit der Aktivität wurde am ____ / _____ (Monat/Jahr) begonnen.

12. **Gab oder gibt es eine zeitliche Befristung?**
    (Zutreffendes bitte ankreuzen und eventuell den Endtermin angeben)

    Die Aktivität ist zeitlich unbefristet. .... ☐

    Die Aktivität ist bzw. war zeitlich befristet .... ☐

    und zwar bis ____ / _____ (Monat/Jahr).

146

13. Wenn Sie einmal an den regionalen Zuschnitt der industriepolitischen Aktivität denken, welche der folgenden Möglichkeiten beschreibt ihre regionale Abgrenzung am besten?
(Bitte Zutreffendes ankreuzen und beteiligte Regionen bzw. Regionsteile mit Namen benennen.)

Bezeichnung Region, Regionsteile

nur einzelne Städte oder Kreise unserer IGM Verwaltungsstelle ☐ _____

unsere gesamte IGM Verwaltungsstelle ☐ _____

die Organisationsgebiete mehrerer Verwaltungsstellen ☐ _____

eine Region, die mehrere Städte und Kreise umfasst, unabhängig vom Zuschnitt unserer IGM Verwaltungsstelle (z.B. eine Metropolregion) ☐ _____

ein Bundesland ☐ _____

bundesländerübergreifend mehrere Bundesländer ☐ _____

grenzüberschreitend, unter Einbeziehung von Regionen in angrenzenden Staaten ☐ _____

Sonstiges ☐ _____

14. Mit welchen Themen hat sich die von Ihnen genannte industriepolitische Aktivität beschäftigt?
(Zutreffendes bitte ankreuzen. Mehrfachnennungen möglich).

Aus- und Weiterbildung ☐

Fachkräftesicherung (Ältere, Erwerbsbeteiligung von Frauen, etc.) ☐

Beschäftigungs-, und Arbeitsplatzsicherung ☐

Innovation, Technologie- und Wissenstransfer ☐

Konzepte zur Unternehmensverantwortung (CSR, nachhaltige Produktion) ☐

Ökologische Modernisierung ☐

Standards für „gute Arbeit" ☐

Sonstiges *(bitte benennen)* ☐

15. **Welche Rolle haben die Gewerkschaftsvertreter bei dieser Aktivität gespielt?**
(Bitte Zutreffendes ankreuzen. Mehrfachnennungen mögich)

Die Vertreter der Gewerkschaft waren:

Impulsgeber und Treiber .... ☐

formeller und gleichberechtigter Partner .... ☐

nur teilweise eingebunden, aber nicht als gleichberechtigter Partner .... ☐

nicht beteiligt, da die IGM zur Mitarbeit nicht aufgefordert wurde .... ☐

nicht beteiligt, da eine Mitarbeit aus Kapazitätsgründen nicht möglich war .... ☐

nicht beteiligt, da es bei der IGM an einer Mitarbeit kein Interesse gab .... ☐

16. **Wie lässt sich aus Ihrer Sicht die Aktivität nach bisherigem Stand bewerten?**
(Bitte Zutreffendes ankreuzen.)

Die Aktivität konnte einen Großteil der angestrebten Ziele erreichen. .... ☐

Die Aktivität hat nur einen Teil der Ziele erreicht. .... ☐

Die Aktivität hat keines der Ziele erreicht. .... ☐

Die Aktivität hat zu einer besseren Vernetzung der beteiligten
Gewerkschaftsvertreter mit anderen Akteuren der Region beigetragen. .... ☐

Die Aktivität lässt sich abschließend noch nicht bewerten. .... ☐

17. **Einmal zusammenfassend betrachtet, welche einzelnen positiven und negativen Ergebnisse dieser industriepolitischen Aktivität lassen sich aus Ihrer Sicht aufführen?**

Positive Aspekte	Negative Aspekte

18. **Gibt es eine Dokumentation bzw. nähere Informationen über die industriepolitische Aktivität?**
(Zutreffendes bitte ankreuzen und ausfüllen.)

Ja, und zwar beziehbar über das Internet. ....☐

(Bitte Internetadresse angeben). _____

Ja, und zwar in gedruckter Form beziehbar. ....☐

(Bitte Veröffentlichung angeben). _____

Nein, eine Dokumentation ist nicht verfügbar. ....☐

19. **Wenn Sie einmal an Ihre konkreten industriepolitischen Aktivitäten im Zeitraum seit 2008 zurück-denken, welche Bedeutung hatten für Sie die folgenden Akteure als Verbündete bei der Initiierung und Durchsetzung der jeweiligen Aktivitäten?**
Bitte die jeweilige Bedeutung auf einer Skala von 1 sehr wichtig bis 7 völlig unwichtig einstufen und den entsprechenden Wert ankreuzen.

	1 sehr wichtig						7 völlig unwichtig
Betriebsräte	☐	☐	☐	☐	☐	☐	☐
andere Mitgliedergewerkschaften	☐	☐	☐	☐	☐	☐	☐
DGB	☐	☐	☐	☐	☐	☐	☐
gewerkschaftsnahe Einrichtungen (TBS u.ä.)	☐	☐	☐	☐	☐	☐	☐
Unternehmensleitungen	☐	☐	☐	☐	☐	☐	☐
Wirtschaftskammern	☐	☐	☐	☐	☐	☐	☐
Arbeitgeberverbände	☐	☐	☐	☐	☐	☐	☐
Sozialverbände	☐	☐	☐	☐	☐	☐	☐
BA-Regionaldirektionen	☐	☐	☐	☐	☐	☐	☐
Einrichtungen der beruflichen Aus- und Weiterbildung	☐	☐	☐	☐	☐	☐	☐
Hochschulen (inklusive Technologietransfer)	☐	☐	☐	☐	☐	☐	☐
Beratungsunternehmen	☐	☐	☐	☐	☐	☐	☐
Netzwork- oder Clustermanager	☐	☐	☐	☐	☐	☐	☐
Parteien, Fraktionen	☐	☐	☐	☐	☐	☐	☐
Wirtschaftsministerium Bundesland	☐	☐	☐	☐	☐	☐	☐
Arbeits- und Sozialministerium Bundesland	☐	☐	☐	☐	☐	☐	☐
sonstige Landesministerien	☐	☐	☐	☐	☐	☐	☐
sonstige Landesverwaltungen	☐	☐	☐	☐	☐	☐	☐
regionale politische Gremien (Wirtschaftsausschuss, Regionalrat, u.ä.)	☐	☐	☐	☐	☐	☐	☐
lokale oder regionale Wirtschaftsförderung	☐	☐	☐	☐	☐	☐	☐
sonstige Lokal- oder Regionalverwaltungen, welche:	☐	☐	☐	☐	☐	☐	☐

149

Vielen Dank, dass Sie sich die Zeit genommen haben, diesen Fragebogen auszufüllen. Ihre Mitarbeit leistet einen wichtigen Beitrag zur Debatte um Industriepolitik in den Regionen und zum Erfolg des Forschungsprojektes.

Falls Sie noch Anmerkungen zur Befragung haben oder weitere Kommentare mitteilen möchten, können Sie dies an dieser Stelle tun.

Bitte benennen Sie uns auch für eventuelle Nachfragen eine Ansprechpartnerin bzw. einen Ansprechpartner.

Name:_____

Telefon:_____

E-mail:_____

Die Autoren

Jürgen Nordhause-Janz

Wissenschaftlicher Mitarbeiter am Forschungsschwerpunkt Innovation Raum & Kultur, Institut Arbeit und Technik, Gelsenkirchen

Dieter Rehfeld, PD Dr.

Direktor des Forschungsschwerpunkts Innovation Raum & Kultur am Institut Arbeit und Technik, Gelsenkirchen